杞缘

农民劳模周金科人生纪实

严光星　薛建民　刘　钧　著

黄河出版传媒集团

阳　光　出　版　社

图书在版编目（CIP）数据

　　杞缘：农民劳模周金科的人生纪实 / 严光星, 薛建民, 刘钧著. -- 银川：阳光出版社, 2022.12
　　ISBN 978-7-5525-6690-1

　　Ⅰ. ①杞… Ⅱ. ①严… ②薛… ③刘… Ⅲ. ①报告文学－中国－当代 Ⅳ. ①I25

　　中国国家版本馆CIP数据核字(2023)第000299号

杞缘：农民劳模周金科的人生纪实

严光星　薛建民　刘钧　著

责任编辑　马　晖
封面设计　赵　倩
责任印制　岳建宁

黄河出版传媒集团　出版发行
阳　光　出　版　社

出 版 人　薛文斌
地　　址　宁夏银川市北京东路139号出版大厦（750001）
网　　址　http://www.ygchbs.com
网上书店　http://shop129132959.taobao.com
电子信箱　yangguangchubanshe@163.com
邮购电话　0951-5047283
经　　销　全国新华书店
印刷装订　宁夏润丰源印业有限公司
印刷委托书号　（宁）0026795

开　　本　880 mm×1230 mm　1/16
印　　张　12.75
字　　数　200千字
版　　次　2023年12月第1版
印　　次　2023年1月第1次印刷
书　　号　ISBN 978-7-5525-6690-1
定　　价　68.00元

作者简介

　　严光星：国家一级作家，中国新时期乡土代表作家之一，"新武侠"小说创始人，探索创建"杞学"与"悟学"的先行者。历任车间主任、公社书记、陕甘宁青年生活导报社总编辑、北京中美集团副总裁等职。创作小说、散文、诗歌、纪实文学、影视剧、文学评论等作品一千多万字，主要作品有长篇小说《苏轼游嘉州》《沙湖公主》《大官侠》《天豹》《天虎》《天禅》，长篇纪实文学《北京青年报的故事》，《中阿经贸论坛》报告文学集《张贤亮出卖荒凉的故事》，散文集《红枸杞》，随笔集《光星创意》，歌词集《黄河流歌一百首》，影剧集《绝世香女》等二十多部著作。多次荣获国际文学创作奖和国内外文学创作奖，并获"全国自学成才者""宁夏优秀共产党员""宁夏十大优秀青年""枸杞文化传播典型代表人物"等七十多次荣誉奖。

作者简介

薛建民：国家能源集团宁夏煤业公司退休干部，中华诗词学会会员，中国散文学会会员，中国毛泽东诗词研究会理事，宁夏毛泽东诗词研究会常务副会长，宁夏诗词学会常务理事，宁夏文联第六届委员，宁夏作协第六届理事，中国煤矿文联第三届理事，高级政工师。发表诗文数百万字，著有理论文集《思考的印痕》，散文随笔集《绿地》，诗集《岁月的情结》。散文、诗歌、论文在区内外多次获奖。

刘　钧：宁夏中宁国税局原主任科员，已退休。宁夏书法家协会会员，宁夏开明画院特聘画师。担任税务秘书十余年，发表论文数十篇，获宁夏青年理论家学会"优秀青年论文奖"；发表诗歌十余首和小说多篇并获奖。自撰对联获中卫市宣传部春联大赛一等奖，书法作品被国家税务总局等收藏并获奖。

周金科带头创办宁夏红枸杞企业荣获全国 500 家最大私营企业和全区
非公有制经济先进单位暨优秀私营企业家称号

二〇一二年组团第三次考查

二〇一四年在云南考查

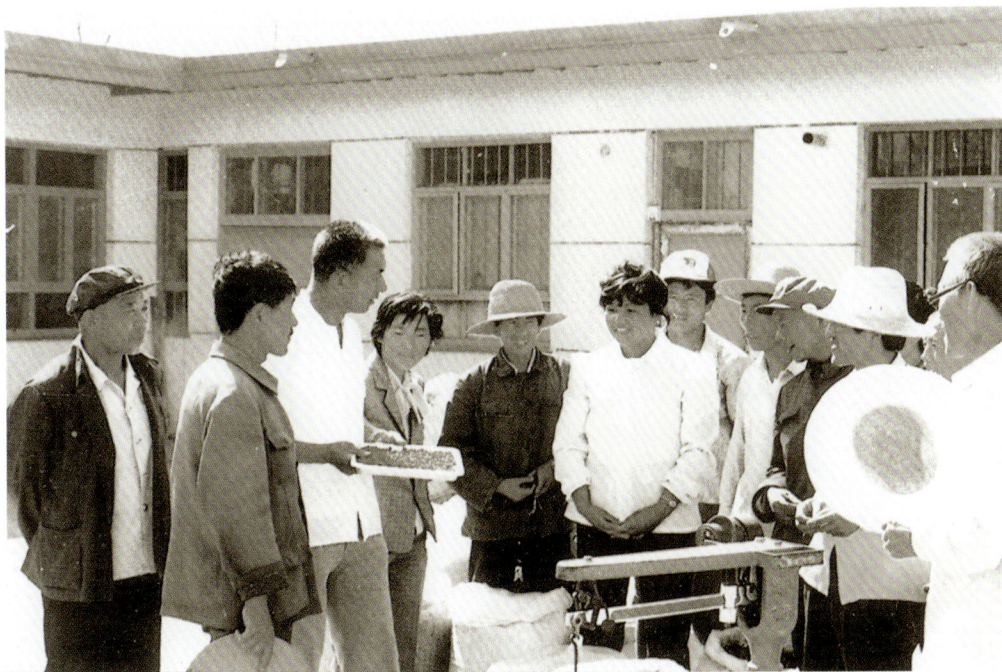
一九八五年收购枸杞

在北京与枸杞产业友人合影

一九九〇年参加全国工商业联合会第七次执委会

一九九一年应邀考查泰国枸杞市场

与夫人王代英在国内调研考察时留影

给外国友人讲枸杞养生知识

周金科在工作车间

亲友合影

自　序

　　2020 年 6 月 11 日上午，我从报纸上看到了习近平总书记 6 月 9 日在银川市贺兰县稻渔空间乡村生态观光园，同正在劳作的村民亲切交谈的情景，深受感动和启发，这表明了习近平总书记对全国农民的亲切关怀和殷切希望。当晚，我看着案头上长篇纪实文学《杞缘：农民劳模周金科的人生纪实》（以下简称《杞缘》）的手稿和他当年在北京参加优秀中国特色社会主义事业建设者，一百位为宁夏建设做出突出贡献英雄模范盛会的照片时，触景生情，思绪万千。周金科是一位年近 80 岁的老人，我习惯称他为周叔。这种尊称并不仅仅是年龄所至，还有对他人生历程的敬仰之情。我与薛建民、刘均为他著书立传，并非仅仅是为农民劳模立传，而是为振兴乡村建设，培养新一代农民献上一部正能量作品。同时，也蕴含着我们对中国农民问题和人生成功之道的深层思考。

　　在人类职业划分中，农民是最原始、最底层、最庞大、最勤劳淳朴的社会主体，在封建社会中长期经受压迫，因而涌现出了陈胜、吴广那样的农民英雄和毛泽东那样的举世伟人。解放后农民当家做了主人，但

1

也存在着非常复杂的社会现象。如何解决好农民问题，改变农民命运，是许多人十分关注和研究的重要课题。毛主席早就提出重视农民问题。近百年来，农民运动、农民革命、农民爱国兴业的壮举载入史册，人所皆知。我们发现，关于兵学、商学、官学、艺术学的文字堆积如山，而创立农学的巨著似乎还是很少，尤其是深层研究和系统宣传普通农民成功之路的专著则少矣。现在习近平总书记提出了以人民为中心的发展思想和振兴乡村建设的伟大目标，这为国家主体群的广大农民指明了方向，鼓足了实劲，提高了地位，展现了新前景。同时，也提出了新课题。如何进一步发挥中国农民在新时代的巨大作用，使他们的正能量、新能量、大能量和长能量上升为强国兴业的高能量，无疑是一件大国之事。在这当中需要解决好思想教育、传承创新、发展事业等诸多问题。笔者乃一介平民作家，只能在身边寻找普通农民的榜样，为大国之事做点添砖加瓦的小事。因此，周叔走进了我的视野。

我和周叔都是土生土长的中宁农村人，皆因枸杞而结缘。30多年前，我就听说过他经营枸杞的传奇故事。10多年前，我们一起参加枸杞节领奖时，我对他的苦难经历与带头促圆"枸杞梦"的情缘产生了深深的敬意。周叔是一个平凡的人，他靠种田、打工和做木工而成家，现已四代同堂。他今年快80岁了，虽然已有了数千万的资产，但还每天坚持早晨六点半起床，做饭、泡茶，有时骑电动车或搭乘别人的车上班，穿着普通的服装，常在枸杞加工厂里走动，像平常人一样工作和生活。周叔又是一个传奇的人，他一生坎坷，百般蹉跎，曾吃过草根，又上山背柴，曾蒙冤入狱，又得过癌症。当时大夫说他只有五年的生命极限，但他乐观自信，在与病魔的抗争中，又坚持了24年不断创业，并成为宁夏改革开放之初的第一批全国先进人物，得到国家领导人的接见。周叔还是一个名副其实的枸杞大王。他曾戴有八项社会"身份帽"：全国工商联执委、自治区人大代表、区政协常委、区工商联副会长、宁夏红枸杞商贸有限公司董事长、中国优秀民营企业家、全国纳税模范、为宁夏做出突出贡献英模人物。荣登十项光荣榜：1994 年获全国枸杞博览会金奖、昆明世界园艺博览会金奖；1995 年被列为全国"500 家最大私营企业"；1996 年被国家税务总局、共青团中央授予"模范纳税人"称号；1998 年被自治区政府授予"全区先进私营企业"；2001 年被自治区政府授予"全区非公有制企业先进单位""明星私营企业"；2003 年荣获"全区模范纳税户""全国质量优质单位"；2012 年荣获中宁枸杞产业特殊贡献奖。在中宁县努力开创"十个第一"：第一个去广州寻找枸杞市场的人；第一个用枸杞发财的万元户；第一个成立枸杞私营企业的人；第一个在杞乡盖楼房的人；第一个最早用工最多、带领乡亲们共同致富的人；第一个与外贸做枸杞生意的人；第一个走出国门的枸杞私营企业家；第一个注册"杞王"品牌的人；第一个创建枸杞加工厂的人；第一个被党和国家主要领导人接见过的私营企业家。周叔还是一个受到社会普遍尊重的大好人，报纸电台多次宣传过他的先进事迹，村民、邻居和同事也都对他竖大拇指，更使周家声名远播。他大儿子周佳奇是中宁枸杞产业公司的董事长、中宁枸杞协会的领军人，带头创建的枸杞基地成为中国现代枸杞生产线的标本与典范，曾荣获"第二届遵纪守法好公民""优秀厂长、经理""中卫市十佳电子商务先进个人"等光荣称号。他的二儿子周佳义投入枸杞产业中的新业态，又在家族中留下了后继有人的佳话。周叔的两个孙子现今在国外读书，特别钟爱枸杞事业，又成为周家未来的希望。尤其是他的大孙子还参与了枸杞产品策划，给这一产品取名为"杞畔"，这使周叔倍感欣慰。总体而言，周叔成功的最大特点是：成家兴业传好名。

纵观周叔的一生，是追求幸福的一生，是促圆"枸杞梦"的一生，是努力做老实人，办老实事的一生，也是富有胜经智慧与践行成功之道的一生。在近80年的人生行程中，由于各种复杂的社会原因和他自身的素质，使他有过动人心魄的胜景，也有过命运造化的败笔，同时又有农民与商人的某种局限性，但整体上是一个比较成功的人，是实现了三代传承，一心促圆"枸杞梦"的丰碑式人物，是我们后辈人学习的榜样，普通农民的典型代表。从成功学的角度看，他给我们提供了一个普通农民的现代成功之道。首先，我看完手稿后，得到了感悟，为他书写了十八幅书法作品，即《周金科人生十八悟》：善心求福，随心理福，开心通福，虚心纳福，静心思福，知心得福，同心种福，爱心祝福，宽心容福，修心领福，细心惜福，恒心积福，韧心理福，善心修福，公心谋福，放心聚福，潜心载福，净心归福。这"十八悟"都来自于周叔的人生故事。

走过周叔的身旁，再来看周围的变化。我曾接触过一个有高学历的农民企业家，谈起《易经》和《败经》头头是道，说起《孙子兵法》和《鬼谷子》口若悬河，但在晚年的企业经营中一败涂地，其因就在于自私、贪婪和理论不结合实际所致。周叔虽然没有研究过这些名著，但他有农民的朴实和睿智。周叔的成功之道主要是他保持了农民的本分，树立了正确的价值观，一生中特别务实重德。我从他的成功之路想到了枸杞树，枸杞树具有"十实"特点：它立根扎实。先生于陡坡北山，后续于广阔大地，一寸一寸历艰辛，连绵不断根骨硬。它出苗稳实。遇肥土破地快出，逢旱地顽强立身，时有微摆，稳立风中。它伸枝诚实。急切地窜入空中，慢悠悠伸入母体，无论快慢，不改秉性。它散叶老实。一叶既出也生翠，万叶扶花也隐威；绿叶扶花美，永不悔。它开花朴实。不及牡丹富贵，更与桃花有别，变换多少色彩，只为结果开。它结果厚实。万绿丛中一串红，一年四季变化新。圆形或扁形，内涵怡人。它变种归实。纵有多个品种，每种皆艰辛。万变不离其宗，归于农家年年丰。它一生踏实。冬夏秋春，犹如四季不倒翁。即使老化当柴火，也添农家热炕头。周叔正是较好地具备了这些特点，因而有了成功的人生。站在更高层次看，周叔从8岁到79岁的奋斗过程，也正是我们新中国71年的前进历程。从这个意义上讲，周叔的人生就是新中国广大农民真实的缩影。从他的身上，又一次验证了这样一个真理：只有在中国共产党的领导下，在社会主义的大家庭中，我们中国农民才能当家做主，团结奋斗，穿越苦难，创业求福，真正完成从贫穷家庭到小康社会的胜利过渡。同时，这也又一次印证了习近平总书记"以人民为中心的发展思想"具有客观性、科学性和深远性的伟大意义。

多年来，我创作了30多部著作，其中有《高原的旋风》《红枸杞》《就业风景线》《花马追春》《北京青年报的故事》《张贤亮出卖荒凉的故事》《穿越人生迷雾》《中阿经贸论坛》《阳光照耀闽宁镇》这九部纪实文学专著，几乎涵盖了中国改革开放40多年来的每一个历史进程节点。而《杞缘》是与众不同的第一部"农民传记"。有人认为，为农民和小人物写书，是得不偿失。我认为，我是一个从田野中走来的共产党员作家，理应为人民树碑立传，为党歌功颂德。如果没有党组织的培养和宁夏父老乡亲的帮扶，我一个出生在贫苦农民家庭的放驴娃，怎么能有今天的成就和福音。记得我20多岁当公社书记时，是个单身，且又瘦弱，正是那些刚刚熟悉的农民兄弟给我送来红枣和馒头，支持我日战农田夜写作。当我1982年调入自治区团委参与创办宁夏青年报社时，又是那些农民兄弟几里相送，含泪道别。我由此立誓：倾尽一生之力，力争为我的乡亲父老写出传世之作。但我没有想到，每写一部书却似杜鹃啼血，且又经历了"写书难，出书更难"的辛酸遭遇。在写这部书时，我要感谢宁夏毛泽东诗词学会副会长、宁夏煤业集团原宣传部部长、作家、诗人薛建民老前辈，他不辞辛苦地帮助我多次采写，修改润色。感谢中卫市书协副主席、中宁知名书画家刘均同志提供素材，助我完善思路。从薛建民、刘均的身上，我又一次强烈地感受到：为人民树碑，为老百姓创作，这又是人心所向！

我深知，《杞缘》这本书还有很多的不足与遗憾，没有达到我预想的创作效果。在《杞缘》这部书后，我将以此为素材另写一部电影文学剧本《枸杞情缘》和长篇小说《红宝梦》，艺术展现杞乡传人百年振兴枸杞大业的圆梦人生，以此来回报乡亲父老的养育之恩。

2020年6月12日于银川杞子阁

目　录

1

引 言

　　2018年12月2日上午，笔者约同小张和小王两位年轻人，一起从银川来到了中宁县城北宁夏红枸杞贸易有限公司，又一次见到了享誉一方的农民劳模周金科。这位老人，就像一棵迎风披雨，过冬追春的枸杞老树，仍然扎根大地，顽强生长，开花结果，散发着造福天下的枸杞神韵。他迈着沉稳的脚步，披着黑色的呢子大衣，微笑着向我们走来。硬朗的身架端庄健康，长国字形的脸庞上白中透亮，一对善目中配以两道细长的银色寿眉，蕴含着老人和蔼的情怀，我们握手间，只觉得他的手自然有力，温暖可亲。他泡茶、递水、端上一盘大红枣的一系列动作，让我们感到他确有农民的质朴、工匠的严谨和企业家的大度，使我们对这位颇有儒家长者之风的老人肃然起敬。

　　在他的办公室里，我们拍下了第一张照片：真实细微的第一印象。

　　他的办公室宽敞且又整洁，正面墙上挂着四块大奖牌，其中"全国500强企业"奖牌最为醒目。在柜子里，供奉着他父母的遗像，背后是各种书籍和奖状。案前，放着一块啃了几口的干饼子；案下，放着一个用了多年的旧电水壶，正在烧水；衣架上挂着一件穿了30多年的黑呢子大衣，领子已有些陈旧，但衣面却十分干净。这位老人是20世纪80年代中国第一批成功的枸杞企业家，也是宁夏改革开放之初获得全国劳模的枸杞产业领军人，获得过国家级、省市级一百多项荣誉奖，已有了数千万元的独资产业，却还是这样勤劳与俭朴，使我们深受感动。从这些细节中透视，正是这种不惧艰辛与节俭生活这一对优秀的品质，坚实地垫起了老人家的儒家风骨。

来到他的厂房里，我们拍下了第二组照片：枸杞产品的见证。

这是周金科在10多年前一手创办的枸杞深加工基地。它坐落在黄河南岸，与北边的中宁国际枸杞交流中心遥相呼应。占地面积虽然只有几十亩，但容量较大。是中宁最早的枸杞深加工企业之一。细一看，厂门古朴，厂院宽敞，厂房干净，各种枸杞深加工设备齐全。干果房一群女工正在拣枸杞，一条龙的流水生产线井然有序。拣果、筛果、装果等程序都有传统工艺与现代科技的嫁接融合。在制造杞皇枸杞酒的车间里，一切都是透明化的生产线，工艺精良、包装精美、酒质精湛。周金科对所有工艺都非常熟悉，一边充满深情地讲解，一边嘱咐身边的人注意工作细节，看到有人抬枸杞箱，他顺手搭力相帮。我们中午用餐时，品尝了杞皇酒，真切地感受到了"枸杞大王杞皇酒，宁夏劳模保质酒"的内涵。有一位经常品酒的年轻人品尝了杞皇酒后，称赞这是他喝过的最佳枸杞酒，不仅口感纯正，而且余味深长。他当即给南方的商界朋友批发了一箱杞皇酒，让他们尽快分享，希望能早日投入更大的市场。午餐时，周金科连饮了两大杯杞皇酒，爽朗地一笑，脸色通红，像老顽童一般开心舒畅。这使我们看到，他对待自己的产品就像对待自己的孩子一样，是那样的真诚、亲切与用心。他用全部的精力和心血去打造他的每一个产品，便有了老实人做老实产品的风格与"物我同心"的精神境界。

下午，我们在县城拍下了第三组照片：中宁历史的足迹。

眼前的县城，像一盏灵气四溢的聚光灯，基本凝聚了中宁的历史变迁与文化元素。历史上的中宁县，山川秀美、风光旖旎，北国的雄壮与江南的秀美浑然一体，古老的历史文化与浓郁的民族风情相互融合，自然景观与人文景观交相辉映，是卫宁平原上最耀眼的一颗明珠，是枸杞的主要发源地与正宗产地，是位于"中国十大新天府"之一的宁夏平原南端最富裕的"塞上江南"名县，早就有"天下黄河富宁夏，中宁枸杞甲天下"的美誉。现代中宁，给人的最深的印象：最负盛名的中华杞乡，富有神奇色彩的塞上名县，人才辈出的文化摇篮，民族和谐的风水宝地。周金科生于斯而长于斯，身上有中宁历史文化的熏陶与这块热土的滋养，身上流淌着中宁人的血脉。从他如数家珍的介绍中，我们看出了这位中宁人的情怀，也理解了"一方水土养一方人"的深刻内涵。一个人眷恋一方故土，也许有眼界的局限性，但它有情感深厚的无限性。一生对故土的挚爱，才能造化一世的赤子之心。

在城南清水河畔，我们拍下了第四组照片：枸杞水韵清水河。

这清水河与黄河是浇灌中宁枸杞的一小一大的福水河。在历史的进程中，清水河像一匹脱缰奔放的野马，自六盘山而下，越过重重关山，乱石穿空，泥沙荡荡，浊浪滚滚，席卷残枝败叶于须臾，激荡千山万水回声。它携带着高厚沃土、深山矿物、沙蒿草药，残余浪此，直奔中宁而来，奉献出它的万年积淀与千年精华，先是哺育出了最早的野生枸杞，然后又滋养着繁衍千年的家枸杞，最先给中宁枸杞戴上了"原始产地，正宗产地，王冠产地"的三项荣誉帽。周金科站在清水河畔，有一种由衷而发的心灵激情。他给我们讲述了清水河的一些趣事。清水河俗称山河，发源于六盘山的开城乡山区，是黄河的一级支流。清水河流域古代植被比较好，元朝以前与黄河交汇处在宁安堡南面。到明朝初期，由于上游长期犁种山腰地，水土流失极为严重，大量泥沙壅进黄河，把南汊河道淤浅，洪水经常爆发成灾，下游的七星渠泥沙淤塞也很严重。但是，中宁枸杞早期的优质产品就出在当时的七星渠上游。其中的奥妙就在于清水河洪水不仅带来了南部山区的牛羊粪，而且带来了中宁枸杞特别需要的30多种微量元素，在中宁黄灌区哺育出了国朝贡品。

随着周金科的引路，我们沿着清水河自东而西，观看清水河一带的枸杞园，加深了对枸杞源头的追溯与历史进程的了解。枸杞文化源远流长。枸杞有文字记载的历史已有4000多年，药用历史2000多年。它经历了野性生长、家园栽培、加工生产、多元发展的阶段，但其野性生长最为漫长，而变为家园栽培和加工销售又历经风雨。秦汉之际，它被中宁先民由"野生"状态变为人工栽培；唐宋时期，它从丝路上的"宁安渡"远销东南亚和阿拉伯地区；明清时，它被列为贡果而声名远播，并采用扁担挑、骆驼驮、海运、河渡等方式远销西南、江浙和国外；清末时，枸杞上市的七八月间，中宁出现了热闹非凡的"唱果月"。但真正使枸杞大翻身的辉煌岁月，则是在新中国之后的这70年间。周金科是经历这70年间枸杞巨变的代表人物之一。他最艰苦的岁月是当农民种枸杞，他最冤屈的命运是因贩运枸杞而落难入狱，他最辉煌的年代是在改革开放之后登上了枸杞大王的宝座，他最高兴的是中秋之夜喝上了自制的枸杞名酒杞皇酒，他最欣慰的是晚年创办了自己的枸杞企业。公正地说，在枸杞产业的创业大潮中，也许有人比他创业早，也许有人创建的枸杞产业发展规模已超越了他，但这并不能抹去这位枸杞大王在改革开放初期大背景下的特殊贡献。这就像枸杞树一样，有一棵枸杞树也许不是最大最老的枸杞树，但它是最早走出枸杞园而产生更多效应的一棵"移动枸杞树"，因而产生了更多的带动效应。正是这个周金科，他对中宁乃至宁夏的枸杞产业发挥了承前启后、率先走出的带动作用。自他之后，在近四十年的枸杞产业发展中，出现了一大批枸杞创业者。他们中有的是创办枸杞公司的董事长，有的是助推枸杞创业大潮的专家学者，有的是在枸杞文化上做出突出贡献的传媒人。这些人都不同程度地受过周金科创业的影响。或者说，是在"周金科现象"之后引发出一批"青出于蓝而胜于蓝"的后起之秀。

在清水河中段的舟塔乡，我们拍下了第五组照片：追忆枸杞的进程和价值。

我们跟随周金科来到了枸杞产地的核心地带舟塔乡，一路观看了万亩枸杞园、轿子山、茶坊庙寺等地。周金科对这里别有深情，站在轿子山顶望着茶坊庙浮想联翩。

地处中宁县舟塔乡铁渠村的保安寺，古称茶坊庙。祭供着两块至今有600多年的碑雕。一为仙鹤枸杞图案，二为神鹿梅花图案。其中的"仙鹤衔杞"图，便是中宁人崇尚枸杞神圣地位的图腾。舟塔乡是中宁县产枸杞的第一大乡。茶坊庙历史悠远，饱经沧桑。几百年中，茶坊庙曾几度重建。1982年重建中，有人从家里献出了私藏多年的原茶坊庙的两块古石雕。后人给重新起了新的名称，一幅是《仙鹤衔杞》，另一幅是《鹿伴梅花》。这次发现，不仅引起了新闻媒体的广泛关注，也给中宁枸杞的研究者们带来了新课题。古时的仙鹤有着"一品鸟"的称誉，古人视它仅次于凤凰，尊为"一鸟之下，万鸟之上"。因为相传它有一千年的寿命，仙风道骨，姿态优雅，不艳不娇。其图案还绣织于一品官员的朝服上，成为清正、富贵、长寿的象征。而历代养生家和医药家又视枸杞为强身、养颜、祛病、长寿的上品。在枸杞的原产地出现这样一个鹤杞古石雕，这就像聆听到杞乡先民的又一种语言。说明古人对枸杞已有非凡的认识，也证明了古人对于枸杞养生、保健和长寿价值的崇拜。从民俗的角度考证，仙鹤衔杞，巧合了中宁民间延传了千百年关于"扁鹊衔果"的故事，但是从考古的角度断言，两个石雕的出现，又证实了茶坊庙既是过去枸杞的交易场所，也是清水河古道口枸杞商旅们集散的旅居之所。由于这些特殊的地理环境和历史缘故，中宁人不断挖掘和提升出枸杞所具有的多种功效：免疫调节、延缓衰老、清肝明目、滋阴壮阳、养颜美容、抗癌治病、降脂降压、健脑益智、造血生津、排毒健身。正是枸杞的神奇效果与重大价值，深深吸引着周金科，使他坚定了追求一生的枸杞情缘。

在清水河与黄河对接的山河桥，我们拍下了第六组照片：周金科的杞乡情怀。

对于周金科的吃苦精神与节俭作风，我们一直在探索其中的根源与奥妙。到了中宁县和原中卫县交界之处的山河桥，便有了一个鲜活真实的答案。这山河桥保留了过去的部分原貌：从上到下的水流，在桥旁激荡起轰轰炸响的瀑布。然后过桥而向西南，情切切地融入黄河。而中宁段的黄河又像一条长达几十公里的扁担，挑起了两岸的杞乡家园，展现了塞上江南最富县之一的美丽景色。使我们没有想到的是周金科的心态变化，他一到山河桥，就像变成了一个年轻壮汉，站在桥头，回忆往昔，激情澎湃，热情豪爽。他说，中宁枸杞好，是天地人和的造化。30多年前，继中宁长滩万人会战之后，在这山河桥东边摆下了七星渠裁弯的大战场。七星渠是卫宁平原上历史悠久的老灌渠，由于历史原因而造成部分渠段弯曲，流速降低。只有裁弯，才能确保中宁枸杞的更好浇灌。当时正值寒冬，全县抽调了数千人参战，时任城关公社城关大队会计的周金科在参战中担任"后勤保障员"。从山河桥到县城城关大队有十多里路，他每天骑着自行车来回催粮、购菜。有时自行车坏了，就推着行走，双脚磨出了泡，仍然不误事。不管刮风下雪，他都早起晚睡，要拼命奔波，尽力让民工们吃好、睡好。那时太穷啊，民工们有时吃一碗黄米黏饭加咸菜，要背着大背斗爬上十几米的渠坡。而他，有时顾不上吃饭，就啃一个红萝卜，喝一碗开水，背着一袋馒头往工地上送……讲起那一段的苦日子，周金科眼里噙着热泪。他说，那时候日子虽苦，但大伙儿心里畅快，劲头很足，拼死拼活地裁弯，赢得了枸杞种植区几十年的畅通灌溉，他认为，人啊，不怕身子苦，就怕心里苦。只要心不苦，千苦万苦不算苦。从桥头下坡时，我们没想到，他下坡的速度比年轻人还要快，他从几米高的桥头上放步直下，身子敏捷，拐弯时双臂一甩，似小船过漩水湾般的一扭一转，便到了桥下，他望着前方的水渠与后面的跌水崖，又给我们讲述当年中宁人如何大战七星渠裁弯的情景。这时，我们才领悟了周金科一生吃苦与勤俭的真正源头：充满深情的故乡情怀。这种情怀，并不是诗人的那种浪漫情怀，而是一个枸杞人的朴实情怀。我们由此想起了他的三个小故事。第一个故事：走出监狱到杞园。40多年前，他因贩卖枸杞蒙冤受屈，关在监狱一年，他走出监狱后继续经营枸杞，使他成了枸杞大王。第二个小故事：走出医院办工厂。24年前，他被医院诊断为"胃癌"，大夫诊断说他最多活不过5年。他不信这种说法，只是毫不犹豫地办起了枸杞加工厂，历经24年，现在还身子硬朗。第三个故事，拣起地上一颗枸杞捏在手心里。几年前，我们随同《人民日报》和《宁夏日报》的记者来到厂里采访他，走到大院中，

7

他发现了地上的一颗枸杞，小心翼翼地拣起来捏在手心，走进厂房。在采访的近一个小时中，他始终没有扔掉那颗枸杞。这三个故事都很真实自然，但从中透视了周金科的杞乡情怀。他认准了枸杞是先祖留给中宁人的宝贝，中宁人首先有责任保护好它。只有真正深爱枸杞的人，才会有天赐的福音。正是这样的朴素信念，才有他一心善良，一生勤苦，一世勤俭，一行求精，一事做细，一路圆梦的做人风格与生活习惯，才有了周金科一生爱枸杞，护枸杞，产枸杞，献枸杞的杞乡情怀。人生一世，高尚情怀才是无价的黄金。

在舟塔乡万亩枸杞园，我们拍下了第七组照片：中宁枸杞的品牌价值。

站在舟塔乡万亩枸杞园前，周金科神情肃穆，思绪万千。他说，他为什么一生都珍爱中宁枸杞，只因为中宁枸杞有独特的品牌价值。多年来，中宁又是唯一盛产秋枸杞的正宗产地，中宁枸杞一直是全国唯一入药的枸杞药材。近几年来，宁夏以外的地区陆续开始种植枸杞，有些地区种植规模甚至超过了宁夏，如青海、甘肃，但种源仍在中宁。他希望有更多的专家学者要加强研究中宁枸杞，提升更好的品质。我们按照他的思路搜集了相关的大量资料，对中宁枸杞进行梳理，找到了中宁枸杞有"九好"的品牌价值：保持土质好，土壤植被好，地貌形状好，水文条件好，地理气候好，种植技术好，深加工质量好，科研开发好，人文发展好。正是枸杞的"九好"要素，给周金科登上枸杞大王之位带来了好运。在他的骨子里，永远有中宁枸杞的不老情结。但出乎我们意外的是，周金科另有隐情。他说，中宁枸杞的品牌价值无可估量，但我们不能夜郎自大，故步自封，老炒先祖的剩饭吃。他曾在几次相关的大会上提出，要对中宁枸杞进行重新认识与评估，要找准它新的未来发展与提升空间。对中宁水土再次进行测试化验，对传统种植技术与现代种植技术要进行科学的论证与比较，在此基础上强化科学管理与研发，做到保品牌、升品牌与新品牌的连贯性，使中宁枸杞品牌真正成为再传承百年甚至千年的大品牌。听到这一番话，我们对周金科更为钦佩。他这个枸杞大王，不仅具有经营枸杞的实力，更有走向未来的眼界与胸怀！

在宁夏枸杞产品公司基地中，我们拍下了第八组照片：枸杞产业的新气象。

在宁夏红枸杞商贸有限公司的北边，中宁枸杞产业发展股份有限公司的基地中，我们捕捉到了第一张照片。温暖的阳光与湛蓝的天空，靠北的黄河与靠西的原野，构成了枸杞基地的美丽背景。该基地占地面积200余亩，投资数亿元，功能齐全，设计新颖，宽敞的门面，整洁的厂房，醒目的办公大楼，新建的职工之家，处处散发出现代枸杞的企业魄力与创新气息。尤其是枸杞产品展与车间生产流水线，浑然一体，别有新意。随着公司员工的讲解，周金科一边走，一边看，一边听，不时地提问。这是他在前几年注入资金让大儿子周佳奇带头创办的新股份枸杞公司，也是县委、县政府重点扶持的枸杞新产业。周佳奇不负众望，二次创业，推动中宁枸杞走向了新阶段，他做了三件大事，一是积极带动枸杞产业发展。面对中宁枸杞出现低谷的严重现象，他带头成立了中宁枸杞产业协会，并担任会长，发动中宁县枸杞企业家中的有志之士，联合中国一些药店成立了宁夏中宁枸杞产业整合的大旗，挖掘中宁枸杞作为地道的中药材的中医药养生价值，以医药渠道为突破口，从根本解决了中宁枸杞如何从品牌价值转化为经济价值的问题。二是切实保护农民利益。及时成立中宁枸杞产业服务中心，招聘了从宁夏大学、甘肃农大等相关专业毕业的24名大学毕业生进行重点培养，开展技术服务，探索创新"7+1"现代枸杞生产模式，对接基地21 337亩，涉及全县6个产区、8 个乡镇、26 个合作社及 8 个种植大户，通过推广病虫害预测预报、测土配方、农药肥料集中配送和统防统治等技术，为农民提供标准化、规范化服务，确保了产出好枸杞的品质，所有基地的枸杞收购价格，均价比市场价每公斤高 6～8 元钱。三是为企业发展排忧解难。帮助协调银行、枸杞商会或他熟悉的小额贷款公司，为企业解决资金困难的问题，并亲自给一些信誉好的企业家做担保，帮他们渡过难关，蓄力发展。周佳奇在参观了东阿阿胶、文山三七产业后，明确了今后的发展方向，充分挖掘和阐述中宁枸杞的道地性、稀缺性、唯一性特征，进一步教育和引导消费者对中宁枸杞的认知，通过思维创新、机制创新、品牌提升，走抱团整合发展之路，将小枸杞做成大产业的思路，提出了搭建产业融资平台、加工产业整合平台、科研创新平台、质量管控平台、检验检测平台、文化宣传平台和中宁枸杞电商平台等七个平台，全面推进中宁枸杞融入现代化大产业的格局。同时，他又送自己的两个儿子到国外读书，将中西文化融为一体，为将来枸杞的大发展奠定人才基础，实现周家三代传承，共圆"枸杞梦"的新篇章。他的二儿子周佳亦也在努力开创着自己的枸杞产业。同父亲一起助推中宁枸杞跨入新征程。这一切都使周金科感到很欣慰，他的脸上荡漾着幸福的笑容。

通过这八组镜头和这有点冗长的引言，我们大概了解到了周金科的生存环境，主要经历和内心世界。下面，让我们一起步入周金科 80 年的漫长行程，感悟他的枸杞人生与成功之道。

第一章 杞苗追春

披着春晨的霞光，身穿灰色便装的周金科老人，凝望着眼前的枸杞苗圃，想起了他童年到青年时期的一段经历。

他的童年就像是这刚冒出的幼苗，有一种破土而出的艰难与苦涩。他的青年时期又像是这逐步成长的出圃苗，经历了风雨雪霜的考验而走向成熟。无论是枸杞幼苗或出圃苗，都有一个特征：杞苗追春。

这些杞苗自有天然的美好追求，它们喜欢接近水源，在交通方便、地势平坦、土壤肥沃、团粒结构好的砂质壤土或轻壤土上生水，但又面临着地蚄蟛、蝼蛄、金针虫、地老虎等地下害虫和根腐病、立枯病病菌等"坏东西"的破坏腐蚀。还有冬天的风雪，初春的冷霜，不时地蠢蠢欲动，前来骚扰，喜欢它们青春鲜气的驴马之类，常来强行"接吻"而伤其翠嫩的身材。还有一些懒惰的主人，不能及时给它们良好的营养与护理，但它们总是以"天行健，自强不息"的顽强精神，以"地势坤，厚德载物"的优良品质，以"厚积方能薄发"的成长智慧，越过寒冬而追逐春天，挽住春天的阳光而出土，拥抱春天的月亮而移身，紧揽春天的暖风而妙舞，呼吸春天的气息而美容，披翠挂青，扎实成长，成为杞乡春天中一道最美丽的自然生命风景线。也许是命运的传奇造化，周金科与这些杞苗有冥冥之中的善缘与情结。他出生在战乱时期的旧中国，又成长于连遭自然灾害和百废待兴的新社会；他无法选择自己的生存环境与家族，又经历了沉入黄河，父亲病亡，家困停学，拉锯挣钱等许多磨难。但他像杞苗一样，骨子里有杞苗追春的豪放气韵。他把太阳戴在头顶，把苦难踩在脚下，把热情聚在胸窝，把埋怨扔在身外，老老实实做人，勤勤快快做事，用全部的血汗造就成长的生命轨道。走在路上的他，尽管有时走得很慢，甚至有颠簸的苦难，但总有福星高照。他坚信：只要人心里有春天，命运中晴天就会多于阴天。

回忆消失，周金科的背影渐渐淡化，他的童年与青年时期的生活剪彩，慢慢地浮现在我们眼前。

第一节 生在杞乡迎解放　莫怨家贫立志向

　　1949 年 9 月，古老的宁安堡终于迎来了和平解放的炮声。那一天，8 岁的周金科第一次穿上了母亲为他缝制的一套新衣服，和一帮小朋友结伴从黄河滩跑到街上来，挤在密密麻麻、手里拿着小红旗的人群里，看着威武的解放军部队，迈着整齐的步伐从大街上穿过，心里充满了无限的敬佩与羡慕。这时，几个骑着骏马的解放军首长来到他们面前，清秀儒雅、聪明活泼的周金科对小朋友说："你们快来看啊，这几个骑马的人，要比去年从大寨子里出来的那个团长威风多了。"几个小家伙听了，赶忙朝前挤着要看个仔细。一位维持秩序的干部一边阻拦一边说："都站好，别乱挤，解放军的杨得志司令员过来了，请大家快喊欢迎口号。"紧接着，他就带头喊起了："欢迎解放军进城！共产党万岁！毛主席万岁！"

　　在人们热烈的口号声中，杨得志司令员等首长在马上向欢迎的群众频频抱拳示意。好奇的周金科从来没有见过这么壮观的场面，他拉着小朋友们悄悄尾随在首长们后面，一直跟到他们进了富宁公司的大院后才被拦住了。天快黑时，他走到半路上，看见走在前面的父亲周学孟穿一件白色衬衣，外罩土布棕色马褂，戴着一副石头墨镜。那高大结实的身子，一晃一颠，挑担叫卖的声音高亢明亮。虽然斗大的字不识几个，但

3

打起算盘又快又准。今日赶路顾不上叫卖，急匆匆地从黄河岸边往回走，走累了，放下担子，擦一把汗，又接着赶路。周金科大步地追上去，要为父亲去挑担，父亲摸着他的头，笑着说："金科呀，你还小，以后长大了帮爹干活。"周金科用毛巾擦着父亲脸上的汗说道："爹，今天咱们家乡解放了。今后，再也不受坏人的欺压了。"

一句话说得周学孟一阵心酸，两眼泪花。记得 20 世纪 30 年代，日本人占领了东三省后，开始向内地入侵。为了逃荒也为了躲兵，一群走西口的山东人拖儿带女扶老携幼，艰难地跋涉在荒原大漠中。有的推着木轱辘车载着铺盖，有的赶着毛驴驮着家当，也有的挑着货郎担一路叫卖。他们到了山西后，一部分人向北就闯到了包头，一部分人向南则走进了陕西，还有一部分人慕名沿着古丝绸之路一直朝西，最后来到了宁夏宁安堡这块河套之地落了脚。周金科的父辈们，就是这批难民中的其中一家。出生在孔孟之乡山东曲阜的周学孟，一路肩挑货郎担随父亲逃到了宁安堡。他的哥哥周学孔在半路上就被伤寒夺走了生命。父亲来到宁安堡后不久就去世了。举目无亲的周学孟靠着头脑精明和勤俭持家，在镇上租了一间房，每天担着货郎担早出晚归经营着枸杞、甘草和二毛皮等土特产。日子过得非常艰辛，还要常常受坏人的欺辱，

周学孟虽说来到宁安堡打拼已经十余年了，可山东大汉那种说一不二、顶天立地的倔强秉性一点也没有变。不论在生活中还是在生意上，他不凌弱不欺穷，也不巴结富贵权势，更不会无故压价赊欠茨农的账，在生意行当还颇有人缘。可是强龙不压地头蛇，就在他沉湎于自己的小日子像芝麻开花一样节节高的时候，当地就有几个恶霸无赖却经常无缘无故地欺负他，时不时地向他讹诈钱财。

有一年冬天，周学孟再一次去了朱镇长的家。他已经记不清这是第几次向朱镇长要回自己三年前借给出去十三石胡麻，可每次朱镇长都笑容可掬地以种种借口推着不还，不知今天能不能要上。门敲开后，管家

说，朱镇长昨天出远门了没有在家。周学孟心里明白，朱镇长肯定在家，出远门只是借口而已。周学孟在回家的路上心里盘算，这十三石胡麻可是他这些年来挣下的所有血汗钱中的一大半呀，这姓朱的分明就是倚仗权势想赖账嘛。他越想越气，最后终于撕破脸皮，把朱镇长欠债不还的事情告到了县长的大堂上。在县长薛强的办公室里，薛强问周学孟有没有凭据，周学孟掏出一张朱镇长三年前打下的借条递上去，没想到那个薛县长与朱镇长交换了一下眼色后，就把借条撕了个粉碎。愤怒的周学孟一边大骂薛县长是官官相护、猪狗不如，一边趴在地上将撕碎的借条又拣起来。还没等他走出大门，薛县长便以他侮辱长官大闹公堂为由，派人将他抓起来关进了监狱。蹲在监狱里的周学孟，十分愤怒，又无可奈何，一下子变得有点苍老。过去红润的脸膛，现在呈现出灰白色。原来一双炯炯有神的且又温和的大眼睛，变得布上了一层血红色。那对略厚的双唇，不时地微颤。他站起来，面对四壁，发出呼呼的喘气声。他实在想不通，这社会竟是这样的黑暗与残酷，明明是他有理，却被关进监狱。明明是姓朱的狗杂种敲诈赖账，却逍遥法外还在外面吃喝嫖赌。他有理无处说，有冤无处申，只能一个人生闷气。家里来人劝说，金榜（大儿子小名）年龄尚小，还需要他养。他长叹一声，暗自落泪。善解人意的妻子，通过别人的提醒得知，只要肯花钱，便可以把丈夫保释出狱。这又害得周学孟妻子花了一大笔钱，上下打点才把他放了出来。

　　生性倔强的周学孟出狱后，带着自己用糨糊一片一片糊好的借条，又进了省城银川去告状，他以为省上的大官肯定能为老百姓做主。省财政厅厅长看了他的借条后，让他回家等消息，没想到财政厅厅长又把借条转给了薛县长，姓薛的把借条往火炉里一扔，这场官司就这么结束了。周学孟知道后，差点把肺都气炸了，怎么也咽不下这口气，准备再到省城去找掌管宁夏大权的高官席告状。三个女人和孩子们都齐刷刷跪倒在他的脚下，求他不要再折腾了。说不定那些高官也和那个财政厅厅长是一样呢。望着老婆和孩子们苦苦哀求、可怜巴巴的样子，这个从不服输的山东大汉，无奈地叹了一口气后，只好忍气吞声地出了门，去继续经营自己的生意。

老一辈常说，人倒霉，鬼吹灯，喝凉水也要塞牙缝。不久，与他同住在一条巷子里的绅士田恶霸，又无故堵住了自己家门前的路，这不是明摆着要把屎往自己头上拉吗，生性倔强的周学孟哪能咽下这口气，便过去跟田恶霸讲理。不可一世的田恶霸不但不听，还要动手打他。周学孟气得对着姓田的脸面就是一拳，田恶霸立刻叫来几个团丁，把他打倒在地后，还从脚上抓住，将他倒拖着拉进了县大牢。周学孟对来监狱看他的妻子说："你去县衙门里问问那个姓薛的，现在到底还有没有王法！"妻子望着宁死不屈的周学孟身上青一块紫一块的伤口，哽咽着说："他爹啊，你就认命吧，自古以来'官官相护'，难道你就不明白吗？"周学孟鼻子一哼，双眼冒火，握着拳头不服软，妻子又哭着哀求他。他看着可怜的妻儿，再次无奈地低下了头。后来，还是家里托人到县上花了不少钱打点，周学孟才从监狱里出来。

两次进狱，让周学孟肝火不减，他恨透了这个不讲理的旧社会。他从听评书中知道，过去穷人告状，从来是多灾少福。但自从有了包青天这一类为民做主，惩恶扬善的清官。给了老百姓一盏明亮的心灯。没想到现在社会又变得一片黑暗，再也听不到包青天这样的清官转世断案了。但一看到聪明活泼的周金科，周学孟的心里有一股难言的温情。夏天的一个夜晚，周学孟拖着疲倦的身子回到家里，看到周金科端着一个小油灯放在小方桌子上，然后帮着母亲拣豆子。见他回来，聪明活泼地周金科双手给他端上茶水，然后又给他用扇子扇风，他摸着周金科的头问道："儿呀，如果有人欺负了老爹，你怎么办？"周金科一晃小拳头说道："我一定用拳头打他，打不倒他就用唾沫吐他，如果他还要欺负人，我长大了就用枪打死他狗××。"父亲说："光靠拳头养活不了一家人，更不能出人头地。"周金科拿起一本书说："我一定读好书，做好生意，挣更多的钱养活全家。"周学孟听后高兴得哈哈大笑。笑后，他心里暗暗发誓，一定要把儿子们培养成人，让他们金榜题名，有朝一日出头，给周家长个脸，给受苦受难的乡亲们做点善事。但在那个黑暗的社会里，周家生活艰辛，处境艰难，今天迎来了解放军，周家的日子才开始好转。

回到家里，父亲指着三间破土屋对周金科说："儿呀，咱们家虽然清贫，但你要从小立志，一定要摆脱咱们家的贫困景象。"周金科给父亲端上一碗稀米汤说："爹，你放心，我一定好好读书，快快长大，让爹不再喝稀米汤，多吃大米干饭。"

几天后，周金科跟着父亲来到了枸杞园，初次见识了枸杞园和茨农（方言，即种枸杞人）的艰辛劳动。那时的枸杞园还是不连片，每家一园，分墙而种。在太阳烤着汗背的大夏天里，一排排与人比高的枸杞树，展现了"扎根大地不变形，万绿丛中一串红"的诗情画意，散发出"无须他人来化妆，顺其自然散清香"的田野气韵。而摘枸杞的婶婶们，更是艰辛繁忙。她们天不亮就起床，提着竹篮来摘果子。太阳出来了，如一个巨大的蒸炉散发出仿佛要烤焦大地的热量，在婶婶们的头上、脸上、胸脯与后背上，洒下豆粒大的汗珠。但婶婶们还不停手，时而抓起大毛巾擦一把汗，然后继续伸手于枝叶间，不住地拽枝，不断地翻动，不停地用手摘，不停地往篮里扔果。有时，手被杞刺扎伤，用嘴吸一下伤口，然后又继续猛摘。还有那些大爷和叔叔们，背着大背斗或扛着麻袋，弄来豆饼与油渣，填在挖好的树根坑里，然后一锹一锹地培土施肥。晚间，月亮像婴儿一样长大成熟。那泼水时哗哗哗的声音，像是田野上的交响乐，让人一时喜悦。有时，也曾发现悲剧。有的农户因劳累过度，在种枸杞中丧命。父亲领着周金科干农活，指着枸杞园对他讲，枸杞是先祖留下的大宝贝，但也是苦中有涩的苦乐果，枸杞树的成长也很艰难，不管冬夏秋春，无论暑日寒天，遭遇断枝伤皮，时而缺水断肥，但也鼓着劲往高长，做人就像这枸杞树一样，要在磨难中，求得生存，直到长大时，它才领悟了"枸杞一树红，颗颗皆辛苦"的道理。同时，也立下了人生的志向，一个人就像一棵枸杞树一样，只有具备"扎根大地，顽强生长，开花结果，造福天下"的神韵，在苦难中奔向幸福，在奋斗中走向辉煌，才活得更有精气神。

第二节 家教严学子路正 多磨砺奋发向上

解放后，周学孟一家在政府的关怀下，重新又搬进了县城原来的小屋。政府把染房还给了他，鼓励他继续发展生产支援国家建设。真是冰火两重天。周学孟深深感受到了新社会平等、自由的温暖，很快就将染房开得热火朝天。不久，他又积极响应党的号召，带头将染房入了新政府的初级社。这时，大儿子周金榜也从永宁回来，被政府安置在县信用社工作。周金科和四个姐妹们，跟随周学孟在一起生活。此时，他们一家人总算有个安定的家了。

1950 年春，周金科要上学了。那一天，他背着母亲为他缝补的蓝布书包，穿着一件打着补丁但很干净的小布褂，走进了宁安小学。学校老师孟先生是个有学问的进步人士，他不但教学生学习写字、读书，更主要的是从中国古代先贤的优秀思想中提取精华，教孩子们如何做人做事的道理。天生有悟性的周金科，学习非常刻苦，很快成了班里的优等生，也使他从小就养成了知书达理的优良品德。他见了老师和长辈，赶紧先鞠躬问好；见了老人，就主动搀扶照顾；看见哪个同学没饭票吃饭了，就主动掏出自己的饭票慨然相助。在老师和同学眼里，他是个勤奋好学、品学兼优且乐于助人的好学生；在街坊邻居眼里，他是个懂事孝敬的好娃子。看着周金科一天天长大，周学孟两口子心里感到了异常的欣慰。

贪玩是孩子的天性。一天晚上，周金科因为在学校和同学们一起打篮球回来晚了，作业没及时写上，被严厉的父亲打了一顿。父亲对他讲："多少孩子因为交不起学费都上不了学。我们一家人省吃俭用地供你念书，你还不好好念。对得起全家人吗？你要给我记住，少小不努力，老大徒伤悲呀！"

母亲一边给他擦眼泪，一边将一碗稀汤面放到他面前，语重心长地说："儿呀，你要争口气啊！一个人小时候学会偷懒撒谎，将来长大了会一事无成。比如一棵枸杞树，你要是不及时剪掉它的油条（徒长枝），这棵树就长荒了，就结不出好果子了。"父亲严厉的教训和母亲形象朴素的比喻，令他终生难忘，他含着眼泪把稀汤面吃完后，便趴在小桌上，借着昏暗的煤油灯又认真读起书来。

有一次，周金科又因为一点小病而误学，又一次受到了父亲的严厉批评。父亲给他讲述了他在旧社会的一段苦难经历，让周金科深受教育，终生难忘。

那是几年前的一个夏天，宁安堡里来了许多兵匪，他们不论在城里还是乡下，所到之处杀人抢劫无恶不作，骚扰得老百姓整天提心吊胆不得安生。一天下午，周学孟一家正在染房里染布做工，三个背枪持刀的土匪突然闯进了家里，周学孟的妻子听见外面来了土匪，赶紧顺手将刚刚过了百天的周金科藏在了案板下面。最前面的那个土匪一进门就将一把大刀朝案板上啪的一扎，刀尖差点戳在了案板下周金科的头上，把周金科的母亲吓得差点没昏死过去。周学孟定了定神，赶忙递上香烟说：

"长官，请您抽烟。"话未说完，后面那个大胡子土匪拿枪指着周学孟的头说："少废话，老子在前方替你们卖命，赶快把钱和粮食都拿出来，不然别怪老子枪子儿不长眼睛。"周学孟刚说了一句："钱还没有准备好。"就听见"啪"的一声，子弹紧擦着他的脑门飞过去，把他身后的土墙打了一个大窟窿。为了一家人要活命，那天，周学孟家里的粮食钱财，包括女人身上所有的首饰，都被洗劫一空。

当时，马鸿逵政府实行一丁一兵制度。家里有人就出人当兵，没人就出钱雇人当兵。就在周金科刚满一周岁的第二天，已经与他家结怨的朱镇长，就派王保长上门来逼要征兵的钱，而且还要让周家出双份，因为周家现有两个儿子，是双丁，周家出不了人，只好出钱雇人顶兵，一个兵每年要花三百多块大洋，这无疑是在周家举步维艰的日子上雪上加霜。周学孟被逼无奈，只好忍痛卖掉了房子，全家人不得已搬进了染房，一边做工染布，一边艰难地维持着生计。不到两年时间，周家的家境已经彻底败落，生活的艰辛几乎到了吃了上顿没下顿的境地。

随着解放大军的步步逼近，马鸿逵政府及其部队拉丁抓兵，已经到了疯狂的地步。在那个兵匪横行、暗无天日的社会里，老百姓的头上好像随时都有灾星要降临似的。不久，为他家小儿子卖兵的那个人，在部队开赴战场途中逃跑了，这无疑是给周学孟家在天上戳了一个大窟窿。丧心病狂的朱镇长巴不得要借此整死周学孟，不管三七二十一，马上派王保长带了一帮人来找周学孟，逼迫他重新出钱买兵，正在家里用簸箕簸米的周学孟一听彻底傻了，手中的簸箕落在地上。

为了逃避朱镇长、王保长等官府的抓兵追债，为了免遭其他土匪恶霸的抢劫骚扰、也为了能让全家人过上一个安生的日子，一生仗义好强的山东汉子周学孟只好认命。他忍痛变卖了全家赖以生存的染房，连夜带着一家人跑到偏僻荒凉的黄河滩上，买了一个别人秋、夏用来堆放粮食的旧厂房，暂时躲藏了下来。

周学孟是个勤苦顾家的人。为了生存，他一个人在黄河沿的荒滩上连挖带刨，日夜苦干，开出十几亩河滩荒地，开始了春种秋收的农耕生活。从此，周学孟从一个精明的商人变成了一个地地道道的农民……

　　听了父亲的讲述后，周金科明白了一个道理：马瘦被人骑，人穷受人欺。在他幼小的心灵里种下了第一个誓言的种子：我长大后一定要出人头地，做个不受欺辱的人。父亲望着他倔强而稚嫩的小脸点了点头，紧皱的眉头渐渐舒展开来。父亲又对他语重心长的讲道："儿呀，你一定要相信共产党，一定珍惜新社会，一定跟上好人学。做一个顶天立地，敢作敢为的好汉子。"并且为他传授"周家生意经"：老实做人人缘广，老实做事财运旺。

　　1949 年 9 月下旬的一天下午，周金科打完一大筐猪草背回家后，和往常一样，跟着父亲刚刚从田里歇下来的一对牛驴去黄河滩上放养。他来到河滩的时候，已经有几个与他一样大小的放驴娃在等着他。他们帮周金科把牛驴吆到河边的一片草洼里，然后拉着他一起玩起了老鹰捉小鸡的游戏。

　　孩子们的游戏正在有序进行。轮到周金科当"老鹰"了，四五个孩子扮作"小鸡"，后面的"小鸡"紧紧抓住前面人的后衣襟，形成一个长长的鸡队链条。站在最前面的那个胖乎乎的大孩子扮作"老母鸡妈妈"，专门负责保护着"小鸡"们的安全。按照规则，一轮玩下来，被老鹰抓住的小鸡就要受罚，假如老鹰抓不住小鸡，也同样要受罚，被处罚者要单独去替大家看管牲口。周金科是个做事踏实且不服输的人，为了能抓住小鸡，他凭借身高腿长的优势，一次次向最后面的那只小鸡扑去，而一次一次又被身体粗壮的"鸡妈妈"奋力推开。就在他们玩耍的那一片荒滩地前面，滔滔黄河水像一个被困住的猛兽，在一个用石头堆砌的码头湾里狂怒地咆哮着，咆哮的黄河水，也正在将他们脚下的那块被踩踏得光溜溜的平滩地一块一块地吞噬掉。现在，码头湾里形成的漩涡洪流急速而强劲，已经把河沿边下面的土石给淘空了，上面悬空的土层随时都有垮塌的危险。面对即将而来的危险，在岸上玩耍的几个孩子却浑然不知。

经过几番较量后，周金科终于瞅准机会再次向躲到最后面的、紧靠黄河沿边的那只小鸡猛扑过去。就在他将要抓住"小鸡"的一瞬间，脚下那块早已悬空的河岸突然"哗啦"一声，与他一起垮塌了下去，周金科在浑浊的激流漩涡中挣扎着、呼喊着，在一群孩子们惊恐的呼唤中，很快消失在洪水波涛中。

岸上的孩子们惊呆了，他们望着汹涌的黄河水号啕大哭，那个扮演"老母鸡"的胖孩子，一边哭喊着一边朝远处有人的地方跑去求救。

过了十几分钟后，奇迹发生了。就在孩子们手足无措的恐慌中，在不远处的下游，周金科从滔滔洪水里冒出了头，他奋力做着狗刨划水的动作慢慢游到了岸边，紧紧抓住一棵生长在河沿上的老枸杞树的枝条爬上了岸。

另一边正在田里干活的周学孟，猛然听见胖孩子的呼救声，立即朝黄河边狂奔过去。当他看见周金科浑身湿透，像泥鳅似的呆立在面前时，心里悬起的一块石头才算落了地。

周学孟拉着周金科来到那棵老枸杞树前双膝跪下，将枸杞树上已经被扯坏拉伤的茨枝扶正理顺后，就从自己的旧衣服上撕下一块破布条来，把它们捆扎得结结实实。

庄邻们知道这件事后都说：周家这娃子跟枸杞树一样命硬，大难不死必有后福。

晚间，周金科做了一个梦，又一次掉入悬河中，怎么挣扎也上不了岸。他拼命地呼救，父亲周学孟摇醒了他，将他紧紧搂抱在怀中，问他做了什么梦。周金科如实细说，父亲鼓励他说："别怕，人穷命要硬。你记得吗？那河边的枸杞树，折枝叶落，被人挖掉，躺在打麦场还活过来呢？人也一样，只要根在，就有命在。"周金科点了点头，擦掉了头上的汗珠，透过窗户看着天上那些闪闪发光的小星星。

第三节 奋斗就会有牺牲　求福必然付代价

　　1957 年夏秋之交，中宁县人民政府对土地资源进行勘查摸底，仅平塘、红崖、广武一带荒漠山地就有数十万亩。那里地势开阔平坦，土质肥沃，易于开发利用。1958 年，中宁县委向上级提交了引水上山、开发荒地的意见，地委安排银川水利分局进行勘测。勘测结果令人鼓舞，从当时黄河北岸中宁段最上游的新生渠口引水，开凿一条新渠，可增加自流灌溉面积 10 万亩以上，若扬程 50 米，灌溉面积能达 15 万多亩。在"大跃进"年代，开凿跃进渠的设想变成了行动，县委决定实施跃进渠工程，分两期进行，第一期工程为干渠开挖、重要支渠土方开挖和建筑物建设，第二期为进水口修建。

　　1958 年 3 月 29 日，县委确定了第一期工程实施方案。跃进渠开口于中卫县孟家河沟黄河北岸，从发源地往前经石空乡（今余丁乡）、关帝乡（今石空镇）至广武乡旋风槽村汇合碱水沟入黄河。渠线沿着山麓向东北而行，全长 85 公里。从渠口到余丁，为原新生渠之扩建。余丁到渠梢为新开渠 76 公里，沿线越过大小山洪沟 40 多道，穿过较大的山梁 7 道，高山寺等处挖深 17 米，新寺沟、麻黄沟、红崖沟、三塘墩沟等处填高 10 米,渠道四次穿过包兰铁路。对于半个世纪前的生产力水平来说,工程是非常艰巨的。

4 月 3 日,县委第一书记何汀轩、银川水利分局副局长郝季厚、工程师马应杰等区、县干部 30 多人,齐聚石空公社开会。会议提出利用夏收前段这段时间,动员全县主要劳力和筹集大量物资实施,边设计边施工,争取 6 月 5 日通水。当年开荒 8 万亩,估计增产粮食 600 万斤,会上宣布成立"中宁县跃进渠工程指挥部"。县委副书记杜锡谱、副县长阴勃然担任正副指挥。

4 月 5 日,第一期工程开工。由银川铁路分局帮助规划设计。中宁县民工 13 051 人,中宁中学学生 580 人,枣园中学师生 53 人,鸣沙民办中学师生 65 人,县干部 642 人,由胜金关向下游开挖。5 月上旬,兄弟县市前来支援。中卫县 4 568 人,宁朔县、永宁县 1 980 人,银川市 197 人,银川市劳改队 1 418 人,由渠梢向上游开挖,全线 24 937 人参加,荒漠沙土,烈日微风,铁锹背斗,手挖肩挑。

挑挖跃进渠时,正在中宁中学上初二的周金科,参加了这一利国利民,千秋功德的建设项目。师生们住在枣园堡的学校里,奋战在跃进渠上,披星戴月,早出晚归,十分辛苦,一两个月下来疲惫不堪。由于当时工期时间要求紧,处于半军事化状态,在万人大会战的工地,参加者住房是不讲条件的,许多女同志都和衣而睡,得不到换洗,又没有洗澡的地方,几个月下来生了虱子,出现了女同学帮着女老师捉虱子的故事。多少年后,师生们在某个特定场合回顾这段历史的时候,女老师还动情地将女同学为她们捉虱子的事情搬出来作为师生友情的事例展示。虽然那个时期人们的政治热情高,精神状态好,谁都干活不惜力气,但工地上干活的毕竟不全是常年劳动的人,架不住天天大背斗扛着爬上爬下。有些学生是城里长大的,手上打血泡,肩头肿是司空见惯的事情。开始大家都无怨言,渐渐地体力不支,十分疲劳,躺倒就起不来了。这时,周金科这个班的学生开始出鬼点子了。初二年级开始上物理课了，学生们常常拿老师教的物理知识来对付老师。班主任刘月娥是个很优秀的女老师，个头不高，品行高尚，虽然还是个大姑娘，但对学生像母亲对待孩子，从不粗暴对待。这帮淘小子偷偷地把老师的手电筒关键部位加了绝缘物，电池怎么安上都不亮了。她万万没想到这些学生在自己的手电筒做了手脚，气得将打不开手电筒朝桌子上一摔，藏在手电筒里的绝缘物掉了出来。她气哭了，同学们却笑得前仰后合，也许是这个班学生调皮的缘故，从跃进渠回来后，这个班的学生在初二升初三时进行了年级整合，被"一分为三"，插到了其他班里。在这种氛围中，周金科是最老实的一个学生，从不戏弄老师，也不愿伤害每一个同学，受到了老师的特别喜爱，也得到了同学们的一致拥戴。但他从不骄傲，不仅劳动卖力，而且还常关心修渠中出现的一些故事，并写进作文中。

在修建跃进渠过程中，全县人民上下一心，任劳任怨，无私奉献，涌现了许多感人的故事。

跃进渠第二期工程是在特殊背景下实施的。当时，由于浮夸风，中宁严重缺粮，工地送粮不及时，许多人出现浮肿，硬是靠注射葡萄糖继续参加劳动。鸣沙人张国成、渠口公社的保世忠、石空公社的袁居银、李定国病死在工地。石空公社关帝大队的王翠花，在爆破冻土时牺牲，年仅 17 岁。恩和公社朱台大队王治福同志民工开会时，疾走失足跌下闸坑牺牲。修建中因公牺牲、病亡民工 6 人，意外事故死亡 4 人。历史不会忘记他们，跃进渠灌区的一草一木都是他们生命的延续。

经过在跃进渠工程上几个月的锻炼，中学时的周金科在这万人会战的大战场上，不仅体力受到了锻炼，而且心理承受能力有了进一步的增强。跃进渠上的许多感人事迹在这些年轻人脑海里留下了深刻的记忆。那些英雄的故事也激励着年轻人的成长。为周金科后来的为人处世，起到了潜移默化的教育作用。他由此明白：要奋斗就会有牺牲，要求福必然有代价。这是一个永远不朽的人生真理。人在困难时要记住这个真理，人在顺利时更要记住这个真理。只有牢记并付诸行动，才能真正做到败不退，胜不骄，逆不惧，顺不懒。老老实实爬行的龟，也会超过自作聪明而睡懒觉的快腿兔。

第四节 眼泪能表达悲伤 但自救还需自强

由于长期处于马匪官兵的威逼惊吓和从事繁重的体力劳动，周学孟患上了严重的胆囊炎、胃糜烂等疾病而又无药医治，68 岁的周学孟终于倒下了。

那是一个夏天的傍晚，阴沉了好几天的天空突然响起了闷雷，紧接着泼下了倾盆大雨。正在田里干活挣工分的周金科赶紧收拾家当回家。一路上，雷鸣闪电的情形令他心里发慌脚步发颤，蚕豆大的冷子疙瘩向头顶袭来，仿佛天要塌下来似的。他头顶着衣服拼命往家里奔跑着，还没有跨进院门，就远远听到了母亲的号哭声。悲痛欲绝的号哭告诉他，敬爱的父亲走了，永远地走了。他在门槛上跌了一跤，然后又不顾一切地爬起来，扑上去摇着父亲的胳膊哭叫着："爹，你怎么了？你睁开眼睛看看我呀！我是你的儿子金科……"父亲没有任何表情地躺在土炕上，两只僵硬的脚还露在破被子外面，身上仍然还穿着那件打了补丁的蓝布衫。父亲是带着无限的遗憾，也带着对自己的无限希望，离开了这个让他牵挂一生的家。

他明白，父亲是由于长期吃不饱肚子、又经历了无数次兵祸匪患的折磨而患上了可怕的肝胆及胃病，因为无药可救才去世的。埋葬父亲的棺木是乡亲们帮忙用普通杂木临时制作的。就在下葬的那一刻，周金科禁不住双手抓土扑向棺木号啕大哭，那撕心裂肺的哭声，让所有在场送葬的乡亲们都掉下了同情的眼泪。

从坟地回来，望着空荡荡的小院，望着被烟熏黑的墙壁，望着父亲过去常用来喝冷水的那个老木瓢，犹如天塌地陷。他这时候才感觉到：父亲就像是家里的一片天，而母亲像是家里的一片地，自己和弟弟妹妹们则像是被父亲栽种在地上的枸杞树。如今天塌了，枸杞树得不到阳光的照射，得不到雨露的滋润该怎么活下去呀？母亲拖着瘦弱的身子给他端来了一瓢温水说："孩子，你要挺住，你爹走了，咱家以后就靠你了。"他听着母亲的嘱托默默地点了点头，仿佛觉得自己一下子长大成人了，仿佛肩上的担子突然沉重起来，也神圣起来。他双手接过母亲递给的木瓢一饮而尽。

晚上，睡在三间土屋土炕上的周金科，怎么也睡不着。这时的月亮仿佛能猜透人心，像一颗开悟人生的启明星。它一会上藏在深沉沉的云帐里，滴着大颗大颗的眼泪；它一会儿又跳出乌黑的云帐，在天空中顽强甩脱乌云的追剿与包围；它一会儿又被乌云所包围，左冲右突，难以脱身。但它选择了坚强与坚韧，继续往前走，往上走，往远处走。终于，它战胜黑暗，高悬茫茫夜空，闪耀出银色光芒，照耀着大地的人们前行。这时的周金科才16岁，心如此月。他这才发现，父亲是一座山，能托起他顶天立地；母亲是一片海，能助推他扬帆前行。他再也不能再卧在父亲的翅膀下了，他要独立，他要当小男子汉，他要弃学挣钱，但一想到挣钱，他又很迷茫，不知从何下手。思来想去，已过子夜。又饿又渴，没有食物，他跳下炕去喝凉水，灌饱肚子再继续思谋。天亮时，他对母亲说："妈，我不上学了，我要想办法挣钱"。他的母亲是一位长相端庄，为人善良的平凡女性。她抚摸着周金科的头发说："儿呀，你爹早有遗言，你必须好好读书。咱家再穷，也不能耽误你上学。儿呀，要永远记住，马无好草难跑远，人无学问难翻山。"周金科不愿伤了母亲的心，只好点头应允。几天后，他又一次看到了母亲抱柴火烧饭落泪的情景后，又想弃学挣钱。但母亲决不让步，他又是难以决断。

走在十字路口的周金科，望着远方的枸杞园和学校，不知如何迈步，在这关键选择中，他一双迷茫的双眼四处探望。

那是一个烈日炎炎的夏天，他和一群孩子到黄河边拣柴火时又看到了枸杞园旁司空见惯的一个茨农活：爽果子。只见一老一少爷孙俩在烈日之下，光着膀子，双手紧紧抓住装着枸杞干果的布袋子两头，来回摆动，欲将袋内的枸杞干果爽干净。老人70多岁了，白发长胡子，十分干瘦，满头大汗，气喘吁吁，但不歇息。孙子身材瘦矮，全身冒汗，颤抖的双手，再也抓不住布袋口了，手一松，布袋落了下来，果子撒了一地。爷爷啪一巴掌就打了过去，孙子一下子坐在地上放声大哭。爷爷骂道："臭小子，你给我记住，眼泪救不了你自个的命，软蛋挣不上好光景，你给我站起来。"揪着他的耳朵又继续干。过了一会，孙子不哭了，使劲地干，竟然爽出了一袋袋好果子。周金科面对此景，又一次开悟：人遇到困难时，绝不要放弃，更不要依赖别人。只要坚持下去，咬牙渡过最难熬的那一关，总会有一线希望。尤其是走在最困惑、最煎熬和最烦人的人生十字路口，趴下去就是一条虫，站起来就是一条龙。

第五节 一个扁担两个筐　学业事业肩上扛

　　尽管家庭的负担更重了，然而，一向明白事理的母亲却仍然坚持让周金科上学。从读初中开始，每个周末和假期，周金科就找他的学友刘吉福帮忙，到县药材公司去搞副业筛果子。刘吉福因为家庭条件等原因，无奈辍学才到县药材公司去上班当通讯员。这样，周金科既可以挣回自己的学费和书本费，又可以挤出一部分钱来补贴家用。一直到他高中毕业再没有花过家里一分钱。这在当时一个十几岁的少年来说，全县也很少有，十分难能可贵。

　　三年困难时期，当时的县委书记虚报产量滥放卫星，出现了饥荒，周金科家里也同样没有隔夜的粮食。一天，他在放学回家的路上，看见路边的榆树皮不知什么时候被削光了，便问母亲发生了什么。母亲含糊地对他说：可能让驴给啃了吧。周金科觉得有点奇怪，他不相信驴怎么能上到树顶上呢？懂事的姐姐早已耐不住性子，伤感地说："还不都是让人给削去吃了，哪能轮到驴呢。"随后，他又约了几位同学去田埂上挖野菜，到田野里一看，漫山遍野的野菜早已被人们挖光了。他们又向黄河滩走去。突然，他们在杂草丛里看见几只野狗正瞪着血红的眼睛在找食吃，一见人就追咬。这惊心触目的一幕，吓得几个孩子赶紧往回跑。望着一天比一天消瘦的母亲，他心里难受极了。尽管全县缺粮，但是好在那个时候中宁中学的学生每月 27 斤的口粮是有保障的。有一天，周金科看见母亲拣野菜，动情地说："妈，从明儿起，我把我在学校的那一份饭菜端回来和你们一起吃吧。"母亲心疼地摸着他的头叹息说："不用端回来，你现在正是读初中长身体的时候，自己都不够吃，还怎么顾上管家人呢？不管怎么说，政府还给你们学生管饭呢，你要好好念书，可别辜负了政府的好意啊。"周金科憨厚地一笑："妈，你放心吧，我知道你的心思与难处。"

从那天起，周金科每天一到吃饭的时候都坚持往家里送饭。回到家中，母亲把他的那份饭菜倒进大锅里，添上几瓢清水再放些野菜煮一煮，就是全家人一天的口粮了。母亲看着全家人能吃上这一锅来之不易的稀饭，脸上露出欣慰的笑容，而她自己却只喝几口剩汤残汁。他从母亲那慈祥的目光中，读懂了母子情，读懂了一个穷家庭互相关爱的力量与独有的乐趣，也许正是这种穷家庭、穷日子的亲情历练，更激发了他向往美好生活的斗志。他说："妈，我一定要读好书，长大了为咱家争个好光阴。"就这样，周金科一边上学一边在药材公司打临工，用辛勤的汗水挣来的微薄收入，帮助母亲及全家人拼命度过最艰辛的三年困难时期。

打工期间，周金科遇到了一个难题，怎样处理读书与打工的时间问题。当时上学要求比较严。老师对他说，当学生就要守纪律，不能迟到，不能旷课，不能随便请假，也不能考核不及格，要严于律己，好好苦学，做个好学生。打工时，药材公司的师傅对他讲，打零工不能偷懒，不能骄傲，不能偷工减料，也不能违反规章制度，勤快踏实，做个老实人。他回到家中，一边吃饭一边琢磨这两件事，怎么能做到既要上好学，又要打好工呢？他看到了正在缝补衣服的母亲。暗弱的油灯下，头发花白和双眼弱视的母亲坐在炕头非常吃力地穿针线，一下穿不好，再穿，连续几次穿上了，然后用针在头发上划拨一下，开始缝补。本来已破烂不堪的衣服，经母亲一补，竟变成了一件好衣服，虽说上面打着补丁，但看上去还很顺眼，一块补丁仿佛像一个标志，使旧衣服像装饰服装一样好看。母亲不仅补衣好，在外面干活也很勤快、利落，得到了邻居的赞扬。从母亲的身上，他得到了一个启发，母亲能够做到家内家外活两不误，一是为生活所迫，不得不艰辛劳作而求生存。二是她熟能生巧，勤能补拙，干多了就掌握干活的窍道，提高劳动的效率。三是她会安排时间，该做啥就做啥，专心专意，不慌不忙，有头有尾，力争求好。他又想起了母亲讲过的另一件事：母亲在乡村里有一个穷亲戚，她有七个儿女，生活清贫，但她很乐观，干活很勤快，把儿女们教育得好。她有一个细节很感人：她上工时，用一根扁担挑两个筐，前面的筐里放着磨面的粮袋，后面的筐里挑着自己的孩子。这使周金科很受感动，也深受启发：一个扁担挑两筐，这就是做工带孩两不误的生动表现。一个人只要有爱心，只要能吃苦，只要肯动脑筋，总能处理好看起来似乎矛盾，但干起来又有趣味的两件事。想明白了这一点，周金科平时照常上学，利用节假日去打工。在药材公司里，不识字的人多，他便发挥自己的长处：给货箱写字。一开始，他的字写得歪歪扭扭，时常还写成了错别字。有人开玩笑地说："小周呀，你人很勤快，可这字却像小爬虫。"周金科嘿嘿一笑："你放心，我会写好字的。"

　　从此，他迷上了写字，只要一有空，就查字典，在手心上练字。看到有人比他写得好，就虚心请教。回家了，他又在煤油灯下练写书法和作文。几个月后，大家一看他的字，清秀端庄且流畅，像个小秀才呀！他受到了鼓舞，在学校里又练习作文，还主动出黑板报。正是在这苦难的岁月，周金科靠着勤劳踏实和虚心好学，达到了在校里是个好学生，打工是个好农工的"双好"要求，步入了"一个扁担挑两筐"的人生修炼。

　　现在年近80岁的周金科，仍然写得一手好字。我们现场看到了他拿出的笔记本。这个笔记本还是当年上学时用过的那种几毛钱的草纸本，封皮泛黄，内页显白，上面有他写的笔记，字体端庄而流畅，清晰而内秀。一些阿拉伯数字也写得连贯而洒脱，显得熟练而有力。他说，这都是他当年上学和打工时学习积累而成。我们由此而感叹：一个人做一件事容易，但坚持一辈子做好一件事却很难。人的一生成功就像垒塔一样，需要打好根基，一砖一砖地运来，一层一层地往上垒。坚持不懈而向上，终究会有善果。而真正学会"一个扁担挑两筐"的思维方法，有可能会使这善果出现绚丽的传奇色彩。

第六节 进球比传球重要　选择比行程价高

由于家庭环境的影响，周金科自幼就养成了爱劳动的习惯。他比别的孩子活跃，在劳动间隙，他和村上的小孩经常一起参与黄羊跳高、摔跤、拔腰、抗牛等与劳动有关的体育活动，这是他的强项。

周金科6岁时，他就帮助父亲看货郎担。后来父亲在黄河滩置了十几亩地后，他又随父亲在田里劳动，放驴、拔草、喂牲口。在父亲的带领和指导下，田地里的农活，周金科不仅能干，而且干得井然有序。从而练就了健壮的体魄和吃苦精神，并渐渐有了初步的管理能力，还领悟到了做人、做事的道理。

小时候周金科对体育活动的爱好，一直延续到高中。在课外活动和体育课的时间，他经常参加各类体育活动，在长跑、短跑、跳高、跳远、游泳、篮球、足球、排球等各种体育活动场上，常看到他高挑的身材，举止灵活的身影。

周金科的弹跳力很强，跑步速度也快，上中学时已成了班上的体育骨干，学校的业余爱好队员。班级足球队的队长，中锋、后卫等角色，他都相继担任过。后卫练就了他坚守、严谨的风格，中锋使他变得头脑灵活，具有整体意识和协调能力。

那时候，班内、班与班、级与级之间经常开展各种联谊球赛。学校除每年自办的春季和秋季运动会外，还有各中学之间的比赛，也还到社会上去参加比赛。公安局、商业队常和中宁中学进行比赛。当然参加的是教工队，学生队前去观摩助阵。有时，来学校比赛，学生队也参加。这在培养兴趣爱好和提高球艺上对这些学生是十分有益的。周金科是班上的篮球队长和主要骨干，当然受益匪浅。在比赛的过程中，场场赢有过，只输不赢有过，也打胜过强队，也败给过弱队。有时特别顺当，很快拉开了距离，稍有大意，或在某个环节上出了偏差，比如配合不好，时间把握不好，都会造成守不住领先的成绩，转胜为败；有时遇上强队，先输给对方，后调整好情绪，坚定信心，坚守"坚持就是胜利的"原则，打好配合，抓好时机，又可以挽回被动局面，转败为胜。诸如此类的运动比赛中，使周金科明白了一些粗浅的人生道理。

学校培养的这些业余爱好，使若干年后毕业回乡的周金科，在生产队、大队、公社组织起了篮球队。他们与工人比赛，联络了感情，活跃了文化生活。与农具社的联谊赛，促进了与农具社工友们的友谊，时常在农忙时帮助周金科的生产队插秧和收割。

1972年10月，已毕业还乡10年的周金科带着他的篮球队到左旗（当时归属宁夏管辖）参加了全区公社民兵篮球比赛，还得了奖。这次比赛打出了士气，打出了名气。宁安公社篮球队不仅在中宁出了名，而且在宁夏全区也小有名气。

在中学里喜欢打篮球的周金科，当时并没有领悟到篮球与人生的哲理。直到中年时，他才渐有所悟。开始，他对打篮球有一个朴素的看法，一个篮球运动员必须具备三点：一是讲团结。只有一个团队和谐相处，劲往一起使，才有可能夺冠。二是瞄准蓝圈，苦练基本功，才能进球。三是各尽其才，在五个队员中，有前锋、中锋和后卫之分。你具备哪一种条件就应当勇而为之。正是这种朴素的想法，潜移默化地牵引着他在事业上有所成就。人到中年，他顿然开悟。在事业上打拼就像打篮球一样，按规律办事，投篮进球，按能力进位，才能有胜算的可能。正是这种来自生活中的启迪，助推周金科在人性、理想的思考和实践中步步挺进。

这时，周金科的生活出现一片耀眼的亮色。几年后，中宁渡过灾难关，开始出现了新景象。枸杞面积不断扩大，五谷杂粮夺得丰收，农户收入逐步增加，老百姓的日子渐渐好转。在校读过书的周金科才感受到了父亲与母亲的长远眼光。他如果当时弃学挣钱，就没有他后来的传奇人生。他动情地回忆了这一段人生，讲了一段富有哲理的名言："一个人在人生中最宝贵的是正确选择。有时，选择比行程更重要。如果我当时选择弃学，就不能进药材公司打工，就不可能当大队会计，就不可能创办枸杞公司，更不能当全国劳模。人活一世，梦想是目标，文化是灵魂，知识是关键，实干是根本。我多么希望天下的穷孩子，再穷也不能辍学，再难也不能没文化，再流多少汗也不能没念想。人活一世，读书为要啊！"正是这种朴素的认识，支撑着周金科在学堂里苦苦读书，增加学问，为他后来的创业打开了一条广阔的文化通道。

第七节 坡头拉车气不歇　金路土路都有辙

　　虽说周金科家的成分高一点，但他为人厚道，干活踏实，还是赢得了大家的信任。不久，就调到别的生产队当上了小队会计。

　　那时，分配政策，按人和劳力相结合。打下粮食，先留够种子，然后按照饲料、公粮、机动粮（挖沟、渠、修路、公差用粮）留够后，再给大家分配。人头按 70%，劳力按 30%。人又按年龄分为全劳力、半劳力、儿童；粮又分水稻、小麦、杂粮……这些因素加在一起，统筹算出个比例，再按各家的情况分项计算。说起来对高中毕业的他来说，深入进去不算个啥事，猛一看却是"老虎吃天，无法下手。"许多小队都没办法，还到周金科这里来取经。几年小队会计当下来，周金科有了名气。他从小队到大队当会计。干了一段时间，公社领导还准备把他培养为支部书记的苗子呢。

　　本来在小队当会计的时候，每年挖大渠各队出人，有一个带队的干部，周金科去给大家办伙食会灵活变通，生活调剂得也不错，大家都愿意跟他干。

　　那一年，生产队长胡学仁调到大队后，大家推举周金科当了队长。这一上任，他就实行了"改革、开放"的政策。

　　他的第一举措是放开手脚让大家去搞副业。由于地少人多，劳动力富余，生产队没有大的产出，每人约一亩半地，他鼓励大家出外打工挣钱，为生产队投资。男的都出去了，女的在庄田地里种庄稼。当时分配政策是按劳分配加照顾。对不安心在生产队劳动的一些人，他不是捆在队里不放，而是放他出去，免得在队里还捣乱，影响其他人。他制定了投资奖励的办法。那个时候，国家实行的粮食政策是统购统销，除定量外，是高价。大家感到给生产队投资比买高价粮合算，还是愿意为生产队投资，第二年人心就顺了。

第二个举措是分田到户管理。农民盼得眼睛都盼红了，但以前不便这样做，周金科大胆创新，率先在全公社推行分田到户管理的办法，提高农民的生产积极性。大家有了责任感，都想办法精心管理，地里的草除得干干净净，差不多都能获得超产奖，挨过饿的农民获得这么多粮食的奖励，都赞扬周金科"治队有方"。

第三个举措是发挥了人脉资源的优势。农忙季节，他亲自出面请工厂的同志帮忙搞农业，不付工钱，就管一顿饭。这是他在篮球队结下的友谊。他们大队的篮球队常和县农机社打球，于是结下了友谊。农机社就有一帮小伙子干活利索，栽稻子的时候，收割的时候，都是这些人来队上无偿地参加义务劳动，帮他们解决了季节性劳力不足的困难。

他安排劳力很有头绪，会算经济账。拉粪的车，来回都是重车，去地里拉的是粪，回来时带的是垫圈的土，从不跑空车，不做无用功。

他还利用公社搞规划的时机，把乡亲们规划到居民点上。规划区中有宽阔的林带和家庭养殖场地，鸡舍、牛栏、菜畦、样样有。他从县物资公司联系到一些木材，计每户半方木头，让生产队到高地上集体挖堡子大家用，群众相当满意。

除此之外，他还花500元买了闲置的七间土坯房，为大家办了个玻璃门市部。

他当队长能以身作则。撒肥的时候，他脖子里挂的背斗，亲自在地里撒肥。他的老婆王代英，当时怀里挺个大肚子，胳膊上还挂着种筐子，脊背上背的小背斗，和其他人一样拼命干农活。许多公干家属看到这两口子的带头精神，也放下了架子，到生产队农田地里拉车、拉犁。

他当队长除了谋划有方外，还抓了两个基本的东西：一个是"钱"；一个是"肥"。他深知"庄稼一枝花，全靠肥当家"。要想庄稼长得好，就得用肥料做基础。他把县委、县政府的厕所帮着修理了，然后由他们队上积肥。还把附近能够接上头的机关、企事业单位的厕所都给包下来，由本队的社员去清理，自然积的是好肥。除此还在别处想"肥"的门路。有一年，药材公司的枸杞子卖不掉生了虫，比化肥还便宜。他从那里买了几万斤作为肥料撒在地里，使庄稼长得十分茂盛。他采取多种门路给队里挣钱。除了放开让有门路的劳力出外打工为生产队投资外，还联系物资局装卸钢材、水泥、木材等大宗货物，由队里社员集中干，给队里增加收入。

由于调动了大家的积极性，社员们在生产队劳动态度端正，能把握耕作季节，粮食连年丰收，外出搞副业的投资也多，社员收入逐年提高。

1977年，一个劳动日7角钱。1978年，一个劳动日9角钱。1980年，一个劳动日1元钱。

这不仅在当时城边的生产队算是出众的，就全县来看，也是相当不错了。20世纪70年代初，中宁县有的生产队还出现了一个劳动日五分钱的情景。尽管那时挣钱很艰难，但周金科还是很拼命，把一个生产队搞得红红火火。直到晚年，他回忆了这一段人生过程时才真正开悟。佛家讲，世上只有两个人，一个人叫名，一个人叫利。还有人说，世上只有两件事，一件为真，一件为假。他从中感悟到，世上只有两个道：一个是上道，一个是下道。走上道，阳光美景，无限风光在险峰；走下道，阴气弥漫，万丈深渊通地狱。一个人不论干什么事，有多少名和利，知多少真和假，都要走阳光上道！

第八节 不怕官小怕心小　吃亏是福还造福

　　1964 年，我国开始了清政治、清经济、清组织、清思想的"四清"运动。在这个特殊的年代，周金科又经历了人生中的一大难关。

　　记得那是一个平常的夏天，中宁下了一场大雨。这雨不像南方的雨，细密而又绵长，稀稀落落下个不停。中宁的雨天有时就像是一个性情刚烈，爆发力强的壮汉，轰雷闪电，挟风带雨，倾盆而下，啪啪炸响，打得大地起水坑。而那些田野的山沟土路，瞬间就有积水穿过，仿佛是一匹脱缰的烈马奔来，给人惊心动魄的震撼。这种雨天，和当时的政治气氛暗中吻合。一场前所未有的"四清"运动，使许多干部面临考验，接受清理，选择过关。有人多拿了集体一袋面粉，必须检讨受批；有人出现了作风问题，有可能清除出党；还有人多吃了老百姓家一只鸡，也要老实交代，坦白从宽。当时的大队会计周金科，接受了各种严格审查，最终的结论是：账目清楚，理财清廉，做人清白。他是全公社第一批过关的好干部。但他家成分高，又没什么靠山与背景，面临着新的过关与选择。

　　就在下雨的那一天里，他去参加公社三干会。会议中，他见到了他生命中的第一个贵人，城关公社书记张学忠，他正在大会上讲话。他个头略高，身板硬朗，长方形的脸庞上闪动着一股深沉的激情。他的口型不大，但声音洪亮，吐字清晰，不拿讲稿却十分流畅，他的讲话既很朴

28

实，又有新意；既充满热情，又稳健老到。尤其是讲到用人才时，还讲些经典贤句，给人以深刻的启迪。会后，周金科见到了张书记，热情握手，相互问好，但没有更深的接触。直到后来，他才明白了张书记的用心良苦。张书记对待他，既要重用但又要合理保护，不能让他这种"高成分"的秀才干部太吃亏。他讲过一段语重心长的心里话："小周呀，我们查过你的账，一切都很清白，对你的工作能力，也是众所公认。但现在形势复杂，用人的条条框框比较多。你呢，要多加理解。既要放下包袱，一心一意干工作；又要找到合适位置，发挥你的长处。不管组织怎么给你安排工作，你都要搞懂诚心求福的道理。"他当时理解一半，但记住了最关键的一个字：诚！他相信老书记说的话，为人一生实诚，必有贵人相助。

这年秋天，在张书记的精心安排下，周金科离开大队会计岗位，成为公社搞田园的技术员。当他走进田园时才知道：这又是一场攻坚战。他过去没有经历过这种农田建设的大规划。其测绘工具很简单，是一些观察镜、皮尺和彩旗之类的老用具。其工序很复杂、搞测量、绘图纸、栽桩、画线、修渠、挖沟、打埂整田等。其任务很艰巨：在几个月的时间内，必须坚持早起晚回，加班加点，按时完成现有规划任务。其工序很艰苦：骑自行车到田园，扛着工具搞测绘，每一块田都要细心计算，每一份图都要用心绘制，每一项任务都要严格考核。太忙时，中午啃几块干馍馍，喝一军用壶凉水。有一天，突然刮风下雨，呼呼呼的西北风，摇动着路过的电线杆子发出呜呜呜的回声，唰唰唰的大暴雨，打在田野上激起水坑。正在测量的周金科与伙伴们顾不得自己穿的衣服，赶紧将图纸与皮尺装在包里，捂在怀里猛跑。到了工作室时，他的衣服全湿了，人变成了落汤鸡，身上不由得哆嗦。有人埋怨道："遇上这倒霉的天气，真害人。明儿给头儿说一说，再不干这烂活了。"周金科拧着衣服对大家说："这点苦算啥？公社领导信任咱们，谁也不能拖后腿。"周金科说着，又给大家烧热水、泡茶，又去伙房里弄几个馒头，让大家吃饱喝好，继续加班绘图。就这样干了几个月，规划组的工作受到了县上领导的表扬。有人却认为不值得，受这样的大苦不划算。但周金科却别有奇想。他认为，这是他人生最有价值的一段时光，也是引以为傲的一件好事，这为他后来成为枸杞大王又铺了一段有技术含量的路。正是这种田园规划，使他明白了人生规划的深刻道理。一个人的成功，若能有"高层策划，科学规划，全面筹划，精准计划，用心刻画"的悟性与行为，必然能达到"大智若愚、大道至简、大有作为"的至高境界。当时，年轻的周金科，还未达到这种思维水准。但他从心里明白：干啥事都需要认真规划。尤其是初入社会的年轻人，对自己的人生都需要有一个大规划、中规划、小规划和细规划。规划到位，就有明确的方向，明白的举措，明晰的计划，就会达到事半功倍的良好效果。这也印证了一位哲人的名言：聪明人走路，能在平常的行程中悟出不平凡的人生真谛；实诚人做事，必须明白吃亏是福还有福的千古明理。

第九节 开车有明确方向 做人有高尚志向

有一天，周金科又一次找到在县药材公司当通讯员的老同学刘吉福，提出自己想利用农闲时间在药材公司搞副业挣点零花钱。刘吉福为难地说："现在药材公司的生意也不好做，要长期在这里搞副业，必须由王经理说了才算数，要不你去跟王经理说说看能行不？"周金科有些犹豫，心想，王经理我倒是认识久了，可王经理是个认真、正直的人，凡事爱讲个原则，万一我怕他不同意咋办。刘吉福鼓励他："你没有找人家怎么就知道人家王经理不同意呢，你呀，平时敢做敢当，什么都不怕，今天怎么婆婆妈妈的。"周金科一想："就是，不试怎么知道不行呢？走，我这就去找他问一问看。"那天，王经理刚巧到县上开会去了，周金科只好先回了家。

他来到枸杞园，看见地上掉了一层烂果子，便一颗颗拣着，吃着，脑海里又冒出了母亲的那句话来："孩子，你爹走了，咱家以后就靠你了。"

他回头看了看枸杞园。在他身旁，一棵幼嫩的枸杞树正迎风挺立。

中宁的冬天，是一种干干脆脆的那种冷，漫天遍野的雪花下了整整三天三夜，给这个古老而又偏僻的塞北小城披上了银装。地上的雪在人们的脚板下，在牛车轱辘的碾压下很快变成了冰道，冰道在阳光照射下，又像是一道圣洁的玉龙，沿着曲曲折折的街道向前延伸。看来，这条看

31

似平静、明亮的冰龙也并不安生,时不时就有行人仰面朝天被滑倒在地。这时,20岁出头的周金科双手捂着耳朵,正沿着这条冰龙的脊梁上一颠一颠地朝前走着。突然,在他前面不远的地方,一个老人滑倒了,挣扎着往起爬,刚刚站起却又栽倒了。周金科赶紧跑过去把老人搀扶起来。街上再没有行人,只有这一老一少两个人互相搀扶着,在冰龙的脊背上蹒跚而行。有人看到了这一幕,给他竖起了大拇指。

几天后,在药材公司的经理办公室里,中等身材、性格爽朗、人到中年的王经理从办公室迎出来,拉着周金科的手说:"呵,是金科呀,今天什么风把你给吹来了,有什么事情快进屋里说。"他是周金科的山东老乡,是解放初期支援大西北来到中宁的文化人。现在已经是县药材公司的负责人了。早在周金科读中学时,他就经常来这里找他做临时工。周金科刚说了自己的想法后,王经理就满口答应了,王经理喜欢周金科的诚实与精干,他呵呵一笑:"你呀,怕是穷疯了吧,你在这里搞长期副业没有问题,但必须由生产队与公司签订合同才行。"周金科提高声音道:"没问题,农忙季节我回去参加劳动,农闲我就领上人来公司干活,挣的钱与生产队四六分成。"看着周金科高兴的样子,王经理关切地问他:"小伙子,看你骨瘦如柴,一个人干两家的活,我怕你吃不了这个苦头,真要是干不下去可别硬撑呀,小心累坏了身体,要知道身体是革命的本钱。"周金科拍了拍胸脯嘿嘿一笑:"你放心,王经理,人只有吓死的,哪有苦死的,我一定能干好。"临走,王经理拍着他的肩膀说:"那好吧,明天你就来上班,我相信吉人自有天相"。

药材公司的大院里,一排码放整齐的枸杞包装箱旁边,站着几个像是从南方来的商人,他们对着枸杞箱子正在指指画画,两个工人一前一后地用板车将库房里刚刚包装好的枸杞箱子往出拉。在他们身后,有个高个年轻人独自一人也拖着满满一车货物从库房里出来,头上沁满了汗珠。他把车子拉到码放枸杞箱子的地方,麻利地将货物卸下码放好。这个人正是周金科。一个年长者问他："小伙子呀，这么大一车货你怎么一个人拉呀，咋也不叫个人帮你呢？"周金科喘口气笑着说："他们都在里面包装呢，走不开，我一个人能拉动。"长者又问他："今天给外贸包装的枸杞，赶下午能不能发出去啊？"周金科忙用衣袖擦了把汗，从口袋里掏出一个小本本说："没问题，您看，特等枸杞三十箱，一等枸杞二百箱，二等枸杞三百箱，还有三等枸杞四百箱，都已经快装好了，剩下的二百箱小红货我也让老张和老李往出筛呢。下来总共是十六吨货，赶下午 4 点全部交货。"原来那位老者就是大名鼎鼎的区外贸宋经理，宋经理和几个人早已经被眼前这个诚实而又精明的小伙子感动了，他们不仅被他独自一人拉车的吃苦耐劳的顽强毅力所感动，更被他井然有序的工作安排、条理清晰的工作汇报，快捷准确的口算数据所感染，从内心对这个小伙子产生了敬佩和喜爱之情。

　　周金科当时是公司里做杂工的小头目。客商都还以为他是药材公司的专职技术员呢。区外贸的侯科长还特意向刘吉富打听了他的名字和家庭背景，临走时拍了拍他的肩膀："小伙子，好好干，将来有你挣钱的时候。"这句话听起来好像是一句玩笑，但却成了印证他后来人生辉煌的预言。周金科不但勤快能干，而且在生意方面还特有悟性，经过几年的锻炼，他早已熟练地掌握了枸杞干果的挑选、分级、包装、发送等各个环节，成了枸杞收购、加工和包装发货的行家里手。这为他后来经营枸杞取得成功奠定了坚实的基础和良好的人脉。同时，他明白了一个"开心通福"的道理，人生一世，如鸟飞十年，虽然短暂，但要快快乐乐向前飞翔；飞过一座山很开心，穿过一片林，也很开心，只要开心，前方就有更广阔的景观，这景观就像一条幸福大道，会给自己心灵装满福气与福运。

第十节 拉大锯练霸王苦 数票子惜一生福

一个偶然的机会，周金科在药材公司的财务室里看见做木工活的赵师傅，拿着一大摞票子高兴地一边走一边数着，心里好不羡慕。他赶紧上前问赵师傅："怎么干才能挣这么多钱？"赵师傅说："只要你肯出力气，挣钱还不容易，你敢跟我拉大锯去吗？"周金科也知道，拉大锯的活是被当地人称为霸王苦，那锯长六尺、宽八寸，重约二十斤，其齿锋利如剑，时常由两个壮汉一上一下站在丈余高的架子上，将一根牛腰粗的大木梁在半天内改成两公分的木板，没有良好体魄和顽强意志的人，连干两个小时都坚持不下来。这天，正好与赵师傅搭班的人病了不能来拉锯，身穿白色背心的周金科站在架子上面代替了他，与身着黑色背心的赵师傅一上一下拉扯着。为了赶活，那天傍晚他们没有休息，一老一少在一弯冷月的照射下，犹如两个黑白相间、在月光下挥戈操练的"武士"。那噌噌噌一上一下的拉锯声是那么的悦耳，那么的和谐，仿佛给两个操练的"武士"配上了节奏明快的伴奏曲。起风了，锯末伴随着秋风开始在空中飞旋，头上的汗珠也伴着锯末往地上滑落。伴有汗水咸味的锯末有时候好像故意跟自己作对，直往他们的眼睛和嘴里灌，他索性抿住嘴巴，闭上眼睛仍然拼命地拉锯。赵师傅猛然一声断喝："跑线了，你是咋拉的？"周金科心里咯噔一下，睁大眼睛看了看锯下的木板，赶紧再往回拉。一会儿风停了，不知啥时候月亮已经躲进云层里去了，天突然下起了小雨，他开始感到少有的凉爽，渐渐地他们全身都湿透了，刚刚还惬意的凉爽已经变成了阴冷，两只手也开始发红、发麻。唰唰唰的冷雨声夹杂着噌噌噌的锯木头声，怎么也演奏不出和谐的圆舞曲，倒像是阎王殿里传出来的催命声，令他口渴、心焦、乏力，但他坚持着没有停锯，顽强地与阎王爷的索命声抗争着。终于，就在天快亮的时候，脚下的几根大木梁被改成了一条条薄厚均匀的长木板，周金科在赵师傅的搀扶下，僵硬的身体才从木架子上爬了下来。那一晚，他挣到了平时四天才能挣到的工钱。

有一天傍晚，周金科的嗓子有点发痛，肩膀与腰身，仿佛被一道道粗重的绳索捆缚，感到很不舒服。他知道，这是拉大锯过劳造成的后遗症。有人讲过，中宁农村里有六种苦：拆炕、挖糜子、担麦子、背粪、上山拔糜子、拉大锯。干前五种苦的人，是常人之苦。但能常年拉大锯的人，非常人之举。这不仅需要强健的体质，需要相当的耐力与恒心。周金科为过这一关，流过眼泪，做过噩梦，受到过别人的嘲笑。但他一笑了之。他说："天大的苦我也不怕，只要能挣上钱养家糊口就行。"他一连拉了几个月大锯，吃的是咸菜黏饭与稀面汤，渐有体力不支的现象。每到傍晚时便发虚汗。今晚，他刚躺在土炕上，来了一个邻居连拉带扯地让他去中宁老戏院看戏。中宁老戏院在当时也算是有名气的艺人院。小时候的周金科，有时挤不进戏院，还站在别人肩头上从窗外看戏。现在看戏的人少了，他便挤进去观看。今晚上演的是秦腔大戏《铡美案》。演到陈世美派人追杀秦香莲时，观众们气得吼叫。看罢戏后，周金科从中得到了一个启示：陈世美变质，实在是可恶。他如果能保持当年与秦香莲的夫妻之情，也不会落得铡刀铡头。由此看来，人在求福中，要有恒心积福的心态，千万不要背弃初心而变坏。他路过小饭馆，听到了几个人喝酒聊天。有人说，现在要挣钱，必须走黑道。要去贩毒，一天贩毒挣一年拉锯人的钱。周金科一听，赶忙离去。直到晚年时谈到这件事，周金科说，他不抽烟不贪酒，也不赶酒场、娱乐场，有一个重要的原因是：他自小受过良好的家教，远离是非之地。尤其是刚走向社会的穷苦人，容易在酒场与娱乐场被引诱中毒。因此，他一生谨慎细微，造就了他中年到晚年的好运。

当时，从饭馆回来后，周金科喝了一碗剩下的米汤，睡了一觉。第二天一早继续拉大锯。到了冬天，漫天的雪花在村头曼舞，颤抖的小树在风雪中摇摆，赶路的驴车躲进了路边凉棚。但还在拉大锯的周金科不停手。今天的活必须今天干完，否则就落下失信的骂名。"宁可挣死也不能被骂死！"——这是周金科的口头禅。他站在高高的木架上，披着雪花，对下面的伙伴大喊一声："莫松劲，快拉！"他像一个雪人一样，继续猛拉狠推，那噌噌噌的声锯，像是永不停息的战鼓，伴随着周金科呼呼呼的喘气声。

几个月后，周金科挣到了一笔钱。他数着一张张人民币，仿佛是在打着"恒心积福"的强者之节拍。

快过年时，有几位干木活的人约他一块去买东西。他推辞不去，被人连推带拉到商店里。有人买高档皮鞋，有人买名牌球鞋，他却买了一双几块钱的布鞋。有人挖苦他道："周金科，你真是一毛不拔的铁公鸡，对自己太抠门了。看看你，脚上的鞋都烂了大洞，你这样子哪个姑娘愿意嫁给你？"周金科嘿嘿一笑，说道："咱家穷，挣几个钱不容易，能穿一双布鞋就不错了。至于这双破洞鞋，我补一补还能穿。"第二天，周金科看到师父的鞋太破，又把他新买的鞋送给师父。师父揉了一下泪眼道："小周呀，你也很穷，挣几个钱不易，这鞋你穿吧，穿好一点，找个好姑娘成家。"周金科说："您放心，相亲的时候，我会借一套好行头的。"他硬把鞋塞给了师父。师父突然冒出了一句话："小周，你如此大仁大义，将来必能成大事。"当时，周金科明白师父的深意。直到中年时，才有所开悟：俭以养德。真是千古名言。人穷时，能做到勤俭与惜福；人富时，要警惕忘本变色。这人间福气，好比一块枸杞园，你爱它，珍惜它，呵护它，才有红果满园的丰收美景。

第十一节 婚姻字典添新词　福从心来爱从情来

1961 年 7 月中旬，21 岁的周金科订婚了。与周金科订婚的姑娘是刚满 18 岁的王代英。她是村上才貌双全、聪明能干的一枝花，也是周金科这辈子与之同甘共苦，一起创业的好帮手。王代英的爷爷生前曾经是海原县王家团庄人，因为在固原剿匪的过程中立过大功，被提拔为团长。后来，有人图财害命，将爷爷害死，还将爷爷的头挂在城墙上示众。那年她奶奶才 29 岁，这位年轻守寡的女人就带着一家老小躲进山里"讨生活"，她便有一个叫"山奶奶"的绰号。那一年，有几个土匪突然闯进家里，逼迫山奶奶交出爷爷过去留下的一支枪，可是枪不知放到哪里了，山奶奶怎么也找不到。于是，土匪便隔三差五地来威逼和骚扰。为了保住儿子的命，山奶奶就让王代英的父亲在外面四处躲避。不满两岁的王代英跟山奶奶和母亲从此在深山里东躲西藏，有时一整天也不敢露一次面，经常是吃了上顿没有下顿，躲过今天不知还有没有明天，一直熬到解放后才算在中宁落了脚。

王代英原名叫王黛英，上中学看了《红楼梦》后，她认为林黛玉命太苦，性格太脆弱，整天哭哭啼啼的，她不喜欢这个小说人物，才决定将"黛"改为"代"。这样既简单又好写，覆盖面又大，具有代表性。王代英还有一个别号叫"枸杞姑娘"，这个名字符合她的经历和性格，就连她的姻缘也与枸杞有关，真是无巧不成书。小时候王代英跟随山奶奶东躲西藏，在逃荒的路上，山枸杞还救了她们的命。流落到中宁以后，在城南门外居住。山奶奶置了二亩枸杞园子，小名叫"珍嘎"的王代英，常到那里去摘枸杞。鲜绿的枸杞叶和紫色的花蕾夹杂在一起，真是素雅好看。完全可以与百草群芳争奇斗艳，无数颗枸杞似繁星点点在碧波中荡漾。

一串串红枸杞笑在枝头，让农民喜上眉梢。王代英被这种神奇的枸杞树"杞"化了。她常常是满脸笑容，一路高歌。稍大一些的时候，为了挣几个零花钱和学费，他在假期常到药材公司拣枸杞，为了抢个座位，她披星戴月，拎着小板凳去排队。有时候，还从旁边的大门槛下爬了过去。在药材公司，见到了比她高几级的学生，出没在枸杞加工厂，虽不知姓名，但高大的形象，干练麻利的举止，给王代英留下很好的印象；拣完枸杞收工的时候，也是这帮拣枸杞的女人们最快乐的时刻。经过了一天的辛苦，眼睛都看花了。这时候，可以歇一歇了，还得到了一些收获。虽说拣一斤枸杞只有五分钱，但一天拣下来也收入个块儿八毛的不成问题。买油、盐、酱、醋的钱也挣到手了。王代英在回家的路上，没有一点倦意，满脸喜气，有说有笑，又蹦又跳，还哼着歌！让后来的老婆婆看在眼里，记在心上，并托人给自己的儿子周金科提亲。

王代英在中学的时候，热爱读书且记忆力惊人，喜欢唱歌且兴趣广泛。几十年后，音乐老师段全寿当时给她们教的《喂猪歌》："老爷爷，小姑娘，提着桶子抬着筐……"以及语文老师编写的教材："我们是祖国的好儿女"，她记忆犹新，

"我们是毛泽东的战士，

战场上我们用刺刀杀过敌人，

残废了还是无畏的士兵。

我们的热血像海涛一样沸腾，

我们的精力永远旺盛无穷。

爱祖国，恨敌人，是我的个性，

征服困难是我们特有的才能。

我们不愿做无边际的幻想，

只愿作一颗小小的螺丝钉。"

还有《茅屋为秋风所破歌》《岳阳楼记》这些诗文，王代英都背得滚瓜烂熟。《毕业歌》《梁秋燕》这些戏剧，王代英唱得有板有眼。这样的好姑娘难怪被周金科的母亲早早就盯上了。

其实，周金科在学校读书和生产队劳动时，王代英见过，不知是因为社会氛围的缘故所致，还是什么别的原因，十七八的姑娘。当时，还未确信他就是她的心上人。

订婚这天，天气特别晴朗，太阳照在身上暖烘烘的。王代英拣果子回来，提着板凳和筐子从外面进来，连头也没有整理一下，散散的。那天连袜子都没有穿，光着脚丫子穿鞋。一进门，她发现屋里已经坐了好几个人，其中一个是队长曾永安。她先是一愣，接着就听到奶奶在喊自己的乳名："珍嘎，今天给你订婚呢！"她望见有个大小伙子正坐在那里，猛一见心又跳了起来，是紧张地跳，还是心动地跳，王代英一时也说不明白。稍作镇定之后，一幕幕短镜头浮现在王代英的脑海中。

这个小伙子在上学放假时常跟大车运物的帮手，王代英的父亲就是车把式。有一年割麦子的时候，穿一身毛蓝制服的周金科对王代英说："给你爹打饭去"。那时，她不由心动了一下，但很快平静了。她清楚地记得，当时不好意思地用眼睛一瞥，同时递出的两个饭盒中有一个旁边写着"金"字，现在看来那个"金"字饭盒自然是周金科的了。她曾不经意地听到爹妈两人的谈话："跟车的这小伙子，干活踏实，为人厚道。就一个寡妇妈，我就担心这寡妇妈不好打交道。"

奶奶对代英说："周金科的妈早就看上你了，都托人说一年了。今天曾队长为你们做媒，这门亲事就定下来了。小伙子是个好小伙。眼下，就是家境不怎么好，一个女人拉扯她们姊妹几个不容易。这不要紧，只要人对了，慢慢会好起来的。"虽说新社会是自找对象，但奶奶根本没和王代英商量，就答应了这门亲事。王代英没有提出异议，也没说不同意的话。她抬眼瞅了周金科一眼，又低下了头。这一抬头和一低头，到底是何心思？谁也说不清。

周金科的大妈望着王代英说："我喜欢这个娃，性格活泼，有说有笑又喜色。"

奶奶接着说："女儿好嫁，鞋底难纳。我们珍嘎是个学生出身，针线活上还是没啥本事，悬针不知是横线，麻念子不知刃头，还得多多包涵。"

周金科的妈说："吃饭有厨子，穿衣有裁缝，做鞋有鞋匠，不用她受这种苦。"

王代英的妈说："我娃那就掉到福窝里去了。"

大家笑着、说着，把这门亲事定了下来，并选定了结婚的日子。周金科给王代英送了蓝皮子笔记本和一支普通钢笔，王代英给了周金科一个小手绢，算是订婚的信物。这里没有金戒指、金手镯和金项链，也就是现在人们所说的"三金"。也没有彩礼，男方拿了一条当时比较时髦的灰布料裤子，算是订婚的彩礼。

这天吃的是黄稻米两样子的干饭和面蛋蛋。虽说中宁产大米，但城里吃纯大米饭的人家也不多。大米比黄米略贵，一般人家只吃黄米黏饭或干饭，吃大米饭算是奢侈。就是订婚这样的大事，王代英家吃的还是二米子饭。

第二天早晨，王代英高兴地把周家给的这条裤子穿着上学去了。约好了由周金科用自行车捎上。正值天热的时候，大家都穿得很单，王代英不好意思搂着周金科的腰，而是照样把手抓在后倚架上，谁知不小心碰上了周金科屁股上的痒痒肉，周金科猛地一动，车子摔倒了。王代英的裤子也扯了，两人只是相视一笑，没有一句抱怨的话。

从这一段生活经历，周金科明白了一个道理：在婚姻的字典里，有很多至理名言。而他认为，经济是婚姻的基础，家境是婚姻的靠山，情感是婚姻的核心。只有两人心心相印，情感相投，才有最可靠，最长远，最深沉的幸福。福从心来，爱从情来，这才是千古不朽的老百姓婚姻真言呢！

第十二节 洞房里最美的光亮　是眼里透出的善良

1962 年，农历八月十八日，周金科结婚了。自从订婚那天起，周金科就盼着这一天。盼着美丽、聪慧、能干的王代英来到自己的身边，温暖自己的被子，炒香菜、做好饭；让歌声缭绕在自己的身边，让笑脸映现在自己的眼前，更主要的是成为自己家业的帮手，共同把这个家撑起来。当然还有个更大的算盘，就是为这个家添丁增口，让这个家红火起来。只不过条件所限，他得有个准备时间。

这一天终于盼来。结婚的准备十分简单，家里原有的几间旧屋是他的新房，没有车去接，只有用自行车驮。她不好意思，还是自己走了过来。在噼里啪啦的鞭炮声中婚礼开始了。主持婚礼的院子里摆着一张旧桌子，上面用棉花毯子盖着。没有今天在大宾馆里举行婚礼的那种排场与体面，在简单的仪式之后，周金科和王代英牵手进了洞房。炕上放着两床被子，一床王代英似乎见过，另一床是新的绸被，特别耀眼，王代英也特别喜欢。

这天，来了一些亲朋好友祝贺，贺礼都很简单，有的送一两元钱，有的送些生活用品，但气氛很好。招待客人的是长面，破例把第二天才吃的蒿子面，放在了这一天。说起蒿子面，这里面说道多着呢？

"蒿子面"历史悠久。据史料记载，蒿籽大约在宋代和西夏时期就作为"食品添加剂"进入了人们的生活。起初，也许是为了度荒，随着时间的推移，人们发现了蒿籽的诸多优点，便作为一种传统的地方风味沿袭下来。

明朝朱元璋的十六子朱栴在宁夏做官时，他的亲邻有一部分也随之迁移到宁夏，后定居到中宁恩和镇一带。迁移来的亲邻主要是朱姓和万姓，其中有几位是宫廷中退役的御厨。他们将蒿子面的制作技术传给当地人，从此蒿子面在中宁一直流传至今。中宁流传的一首儿歌形象地描述了蒿子面在中宁人民饮食生活中所占地位和流行的盛况。儿歌的全文如下：

"长脖子雁，

扯红线，

一扯扯到中宁县，

中宁县的丫头子会擀面。

擀的面，

薄扇扇。

切的面，

细线线。

下到锅里嘟噜噜转，

舀到碗里一根线。

爹一碗，

妈一碗，

情哥没在面咋办？

眉头一皱眼一闪，

案板底下藏一碗。

妈妈急忙到眼前，

一掀案板碗打烂。

气得妈妈翻白眼，

我挨打受气吃黄连。

情哥没吃一口面，

妹妹心里实难言。"

可见，吃蒿子面已成为中宁人饮食生活中不可或缺的一部分。

蒿子面是中宁民间特色风味小吃，在中宁流传已有 360 多年。蒿子面具有健胃、清热的功效，用掺有蒿籽的面粉做成的蒿子面清爽可口，余味悠长。不论男女老少，达官贵人还是普通百姓，人人都爱吃。

在中宁民间习俗，吃蒿子面颇有讲究，并赋有一定寓意。在过年正月初七日，家家必须吃蒿子面，叫做"拉魂面"；新婚夫妇结婚的第二天，吃蒿子面，叫做"喜庆面"；给小孩过满月和百日，必须吃蒿子面，叫做"吉利面"；儿女给老人家过生日，拜寿时全家吃蒿子面，叫做"长寿面"；每当亲朋好友远道而来，见面后吃的第一顿饭，也是吃蒿子面，叫做"迎客面"，寓意"常见面"。中宁蒿子面具有保健功能，制作技艺独特，用料讲究，工序复杂，并蕴含着"寄托情思""祈福安康"等文化内涵。为中宁名特小吃，受到广大消费者普遍欢迎。

中宁蒿子面制作技术在中宁县流传十分广泛，一般都是婆传媳，母传女或老传少。在中宁县，擀蒿子面已成为表现女性厨艺水平的一个重要方面。

周金科结婚这天吃的蒿子面，除了以上说得讲究外，还有一个特别现实的原因，应该是节省。因为家贫摆不起酒席，只能用一碗面招待亲友。

"洞房花烛夜，金榜题名时"，是人生最得意的时刻。而急盼着搂着自己心爱的人，进入梦乡的时刻，却是这位新郎官最为尴尬的时刻。这不是因为别的原因，而是一床被子。当王代英招呼周金科入睡的时候，周金科却把那床旧被子给王代英拉开了，让她先睡。本来满腔的热情，这样一个举动像一盆冷水从头到脚浇了个透。"怎么找了这么一个自私的男人"，周金科那高大的形象，一下子矮了半截。她眼巴巴地瞅着旁边那床新被子，她认为，那才应该是新娘盖的被子。看着周金科脱掉了衣服钻进了自己的被里，她既不习惯，又不情愿。"他怎么还钻进我的被窝里来了？"王代英心想，"你怎么不把那床被子拉开睡，一人一床被啊！"周金科沉不住气终于说开了。

"那是借来的。"说着，周金科紧紧地搂住了王代英，把脸贴在她的脸上说。

王代英的眼泪流到周金科的脸上。"真是借来的？"

王代英接着问："院子里婚礼上那条毯子也是借来的？"

"今天放炮的人不小心还给烧了个洞，还得给人赔呢！"周金科和盘托出。

此时，王代英被周金科搂得喘不过气来，一场误会引起的愁云，被另一场云雨吹散。

当她用手轻轻抚摸周金科肌体的时候，想了许多许多。摸着他虽瘦却强有力的肌体，体味着他强有力的给予，她充满了信心。眼前我们这个家虽穷，但有了这个坚强的男人，有了这两个永不分离的肌体，这个家的日子慢慢地会红火起来，会生儿育女，人丁兴旺，会发财致富，让人耳目一新，刮目相看……

尽管这是一个平民家庭的普通洞房，没有像样的家具，也没有华丽的铺盖，更没有一件像样的首饰。只是两张大红"囍"字，给三间土屋增加了几分喜庆之气。两间旧屋的锅台上，放着简单的锅碗盆勺和半袋米面，火炕上除了周金科单身时盖的一床被褥外，另一床被和炕上铺的一条毯子还是从别人家借来的。条件虽然简朴了些，但他俩真心真爱。在王代英的心目中，周金科是个值得依靠的老实人，也是将来能干大事的文化人。他身体略瘦，身上穿的中山装始终整洁干净，一副笑眯眯的神态总给人一种憨厚、和气的感觉，一看就知道他是个做事有条有理的细心人。他们摆不起宴席，两个人以茶代酒举行了简单的婚礼。自此，他们开始了一生难舍难弃，同甘共苦的一世情缘。也从中体会到了老人的遗言："金山银山，不如心心相印的情山；金房、银房，不如自家实在的暖房。"

第十三节　做婆媳要过一条河　　好女人就像天上月

　　"世上只有妈妈好，有妈的孩子是块宝。"这是歌中唱的，也是世间确确实实存在的。母子之间那种浓厚的感情是谁也割不断的。古语："虎毒不食子""舐犊之情"连动物也具备，何况人呢？周金科的母子情更有其特殊性，他是母亲唯一的希望。寡妇妈领儿子含辛茹苦，可想而知。周金科的母亲四十三岁就守寡把她们姊妹几个带大，又经历了三年困难时期。复杂的社会环境度过的日子真不容易。

中国有句古话："嫁鸡随鸡，嫁狗随狗，嫁条板凳拖着走。"说的是女人的从属关系。

周金科的母亲，只有周金科这么一个儿子。这是周张氏唯一的精神支柱。不仅仅是传统观念在她的心目中占有了太重要的位置，还因为自身的经历，使她对这个儿子抱有特殊的感情和希望。周张氏是周金科的父亲为要儿子续的三房。后来，有了这个儿子，解放了，在一夫一妻婚姻制度的情况下，前面的两房女人都离开了周学孟。只有她和儿子还在周学孟的身边。她盼着儿子快快长大，长大了娶媳妇、抱孙子，为周家传宗接代。有了孙子，她这一辈子受多大的委屈，受多大的苦，都无所谓。当她最终见老祖宗的时候，也就心安理得了。

"亲娘养的亲娘疼，老鼠生的猫不疼。"儿子，孙子，这是周张氏心中最有地位的，平日里有什么好吃的先给儿子周金科留着，不管她多忙，干活多累，只要儿子出现，她会想方设法为儿子弄些好吃的给他。周金科也很孝敬母亲，他知道母亲守寡不易，买来好吃的总是送到母亲住的屋子里，由她去吃或由她支配。累活、重活，他不让母亲去干。当时，高中毕业后，别人都琢磨着上大学，他却毅然回乡种地，除了其他原因之外，隐藏在后面的一个重要原因，那就是不让母亲再去干重活。

媳妇王代英是周张氏看上的，她看上了王代英的美貌、勤快还知书达理，是她托人给儿子说的媒，王代英那活泼的性格，做事麻利的行动，还有那温和闪亮的大眼睛，都使周张氏打心眼里喜欢。可是，进到周家为生孩子的事，婆媳之间产生了矛盾。王代英十分大度，尽力缓和婆媳紧张的关系，重活累活自己干，粗茶、素菜自己吃，连喜欢的好衣服和鞋子，也不敢让丈夫去买。有一次，周金科给家里人去买衣服，为王代英买了一双鞋，为了不使母亲生气，他谎称是自己朋友的老婆买的一双鞋，穿着不合适，想送给王代英穿，拿过来看合适不合适。王代英心知肚明，那么漂亮的鞋，价格肯定不会太便宜，谁舍得送她一双啊！从此，王代英更加敬重周金科，同时，也孝敬婆婆。

平日里，为了使母亲心里舒服，周金科当着母亲的面对王代英很严厉，有时还训斥。王代英对他很理解。她知道，那是周金科做给母亲看的，为的是使婆婆能够感觉到母子一条心，不是娶了老婆忘了娘。她知道善良的周金科此时是为了让母亲舒心啊，内心深处还是喜欢自己的。除了容貌漂亮外，王代英还有一双勤劳的双手，什么活儿都能干，但为了母亲的缘故，周金科只能如此。看着三个孩子都生了。还不见出来个男的，周张氏有点着急了。王代英家里是地主成分，在那个年代和成分高的家里攀亲戚是个很麻烦的事情。再加上不是男孩，这使得周张氏也暗地里自责，这时，有人出来给周张氏出坏点子，让她辞了王代英这门亲事。再找个条件好一点的女人。于是，周张氏背着儿子采取了措施，为儿子暗地里再瞅媳妇。开始时，周金科只听母亲唠叨，默不作声，但母亲说得多了，而且有时正儿八经地和自己谈这件事，周金科不得不动点心思。虽然没有儿子，周金科心里也很苦恼，加之母亲的威逼，但他的内心还是爱着王代英的。在这个婆媳关系的天平上，他还是倾向了王代英这边。一天，母亲又一次让周金科休掉王代英时，周金科发话了。周金科也在大是大非面前站稳了脚跟，用智慧获得了对她的宽恕。她抓住母亲善意的一面，和寡妇妈领孩子的不易，缓缓地对母亲说："我也为生不出儿子着急，生男生女，不尽是女人的原因，你说离了婚，这三个孩子怎么办？留下的没有妈，带走的没有爹，看着这可怜的孩子，我怎么办啊！"看着母亲没反驳，他又接着说："王代英她本身没有错，面对无错的女人和可怜的孩子，我怎能张开这个口啊！我们周家没有做那种断子绝孙的事。我相信你会迟早抱上孙子的，你就耐心地等着吧！"说得母亲再也不开口了。王代英对婆婆更加孝顺，改变了婆婆重男轻女的落后观念。过了几年，又生了第四个孩子，这个女孩有点男孩相，取名招弟，深受久盼孙子的寡妇奶奶喜欢，她注定能给招来个弟弟。说来也怪，生了四胎之后，第五胎果然生了孙子，取名"佳奇"。长孙"佳奇"的出生，为周家增添了喜气，也增添了希望。周金科的梦想成真，应了中国人的一句话："心想事成"。周张氏的那份高兴劲儿就别提了，自然婆媳关系得到了改善，婆婆再也不提离婚的事了。

周金科母子俩这一番关于离婚的对话故事是若干年后，王代英是听大伯子哥（周学孟大老婆生的）不经意说出来的。周金科从未在王代英面前提说过。王代英为周金科的善良、自信、坚毅和富有智慧而敬重，对周金科更加心疼、爱慕了。而周金科在后半生中，与王代英一块渡过了许多难关，对王代英的品格和能干也很认可。在一个落日余晖的傍晚，周金科对笔者讲道："我这一生经历了很多事情，最让我得意的是王代英坚定的支持。她为我，也为了这个家，付出了一个女人的大半生。可以说，在我的心中，她是我们杞乡女人中很值得赞扬和传颂的一个好女人。"笔者又问道："你还有什么感慨。"他想了一下，望着茶杯道："我也说不出个大道理来，看人要看心。好茶水比好茶杯更金贵。"他这即兴说的一句话，让笔者思绪万千，浮想联翩。周金科的这句话，与王阳明讲的"本心论"大同小异。在大千世界中，内涵比外延更重要。在苦苦众生中，内心比外表更金贵。人的外表可以修饰，但必终衰老。而人心内心就像一杯好茶，其味深长，妙不可言。做人，只要坚持本心的真、诚、信、勇、智、明，便可散发出迷人的魅力。

第十四节 老母亲慈悲遗像　枸杞膏苦膏才香

　　1976 年，这是令全国人民都悲伤不已的一年，也是周金科全家永远无法忘怀的日子。这一年，随着毛主席、周总理和朱委员长的去世，不幸的事情接踵而来。这一年又发生了唐山大地震，天灾不断，庄稼也成熟得不好，满田长势良好的水稻，也跟着庇壳绝收了。周金科的母亲在父亲走了 18 年之后，也驾鹤西去。

　　腊月十七这天傍晚时分，周金科的母亲躺在炕上，手里拿着一把秕稻穗深深叹了一口气，就闭上眼睛再也没有醒过来。周金科悲痛欲绝。在他心里，母亲是一位明理、贤惠的好女人。自从父亲去世后，母亲就用她那双瘦弱的肩膀扛起了家庭的重担。从记事起，看到母亲白天干生产队繁重的农活，回到家里还要给五个孩子做饭、洗衣、喂猪养鸡。到了晚上，她就开始纳鞋底，做针线活，稍微有点空闲，就赶紧给孩子们捉虱子。多少次周金科在半夜一觉醒来，就看见头上冒着冷汗的母亲，用木棍顶住腹部，在昏暗的煤油灯下为他们捉虱子。今天，母亲就像长夜中伴随他一生的油灯一样，即将油干灯灭，结束了寡妇领娃娃的艰难岁月。自己才忽然明白，母亲为我们付出太多太多，而自己又给予母亲的却太少太少。其实在三年前，母亲就已经患肝炎，母亲因为家里生活负担重，便一再推辞不去看医生，这才发展成了可怕的肝癌。他心里明白，母亲是因为无钱医治才去世的。作为儿子，自己没有能力去挽救她的生命，没有尽到应尽的孝心，一种深深的内疚和自责，在慢慢地撕扯着他的心。

王代英哭得泣不成声。这种哭并不是因为女人爱哭鼻子，也不是给周围的人看的，更主要的是一种发自内心的真实感情。

从1962年王代英进周家门，到老婆婆去世，她和婆婆朝夕相处15年光景。其间，有磕磕撞撞，甚至在自己生了三个姑娘之后，婆婆曾生气地让儿子离婚，但经周金科调解后，还是和好如初。

这种哭，有对婆婆的同情，有对婆婆的思念、感恩及内疚。在这生死离别之际，许多镜头如放电影一样，一幕幕展现在王代英的眼前：

老婆婆这辈子太不容易了！作为女人，她先后进了两个家门。在旧社会那种婚姻制度下，老婆婆从杨家到周家，因为是第三房受过大老婆的气；老公公去世后，四十来岁守寡，要供一个小儿子上学，又养着个女儿，因没有劳力在生产队受气。

王代英更多的是思念老婆婆的好处。她清楚地记得，是老婆婆亲自选中了自己做周金科的媳妇。她是一个寡妇妈，在艰难的岁月里，为自己操办了婚事，还有自己的六个孩子都是老婆婆含辛茹苦地帮着带大的。老婆婆不仅带着王代英的孩子，还带大姑姐的孩子。当七八个孩子不好管时，在院子里放几个大箩筐，把孩子当小鸡一样圈起来让她们做游戏。其实，老婆婆有病，她和周金科还是尽了心和力，但因条件所限，未能如愿，有时感到很内疚。

王代英清楚地记得，在生产队的日子里，出入是不自由的，须跟队长请假。而队上又没收入，无钱给婆婆看病买药。为了给婆婆治病，王代英以住娘家的名义偷偷地到县药材公司去拣果子挣钱买药。一天几毛钱，低着头拣果子，眼睛困得肿肿的，像个桃子，攒够一元钱买了100片阿司匹林给婆婆送了去，以缓解疼痛。谁知这样的日子不长，不知是谁向队长告了密。有一天队长跑到了药材公司枸杞加工厂，把自己抓了个正着。队长一脚上去踩烂了自己的簸篮子。自己从旁边找了个小簸篮子，边哭边拣。

母亲走后，周金科陷入了无限悲哀与自责的痛苦之中。他常常跪在父亲和母亲的遗像前，反思着自己的人生历程、反思着社会的动荡变化、反思着发生在身边的一切、一切。自己在生产队里拼死拼活，没日没夜地干活挣工分，忙里偷闲又在药材公司搞副业挣钱，按说比别人都勤奋得多，付出得多，可到头来一家人还是吃不饱穿不暖，最终连老母的病都瞧不好，这到底是为什么啊？还不是因为缺钱嘛。可是钱就像画中的仙女天上的彩云，可望而不可得呀。也许有些人为了钱，可以不择手段去偷去抢去赌博，但我周金科做不出来。我的父辈是孔孟之乡人，父亲生活得虽然贫苦，但他老人家一生耿直的品行为自己树立了榜样。父亲生前就告诫自己的孩子们："君子爱财，要取之有道。"

小时候，看三国演义、岳飞传等小说，关公、岳飞的形象常在他脑海闪现，为人守义，但又不能太勇，这该怎么办，我到底该怎么做才能让自己的家人不再受穷？他一遍一遍地叩问着自己，一个又一个的答案也被他否定了。

俗话说，穷人的孩子早当家。随着母亲的去世，周金科已成家中唯一的男子汉和家里的顶梁柱。

周金科两口子还从母亲身上学会了坚强。王代英在遇到艰难时，常呈现出母亲的坚强，她永远不会忘记自己拣果子，被队长踩了簸篮子，母亲找队长讲理的那个情景。

周金科记得1958年时，有的公社领导干部一时糊涂，将他家的房子无偿占有。开始拆时，是母亲找到县上，不顾别人的讽刺和阻拦，硬是冲进领导办公室，几经诉说，又要了回来……

母亲坚强的形象，常常激励着周金科两口子在生存的路上挺起腰杆。

一天下午，周金科在回家的路上忽然闻到一股诱人的清香味，强烈的好奇心诱使他去看个究竟。就在旁边的枸杞园外，他看到一位大妈用人们遗弃的枸杞把和枸杞渣熬制枸杞膏，心中豁然开朗。他记得过去在乡下时农民们都用枸杞废渣熬膏子的情景来，枸杞膏熬好后被装进大罐子里可以存放好几年不坏，既可以泡水喝，也可在做菜中拌料，不仅味道香美，而且营养俱全。当时就流传着这么一句话："苦熬的枸杞膏有韵味！"他从中悟到了一个道理："人穷不是罪过，埋怨犹如云朵，只要有志气就能改变命运。废物也并非无用，就像这被抛弃的枸杞渣一样，还可以变废为宝熬成枸杞膏"。

是啊，周金科想得对！古往今来，曾有多少仁人志士，也像这枸杞膏一样，经过了地狱般的苦熬才熬出了新滋味。东晋文学家陶渊明，虽然满腹经纶却被奸臣所误，得不到重用，更不愿为五斗米折腰，于是便弃官从耕，过着世外桃源的农耕生活，才留下了"采菊东篱下，悠然见南山"的千古佳话。北宋著名文学家范仲淹自幼丧父并且家境贫寒，然少年有志不甘沉沦，最终成为北宋人杰。唐朝诗人杜甫历尽人间疾苦，写下"朱门酒肉臭，路有冻死骨"的旷世名篇而成为一代诗圣，周金科虽然不能与这些名流相比，但他的悟性不同凡响。他明白这些道理。人最可怕的并不是贫穷和灾难，而是遇到贫穷与灾难后自甘堕落。贫穷与灾难，有时像火与铁锅，能熬出营养丰富的枸杞香膏；有时像磨石与刀，能磨出斩断烦愁的锋利之刃。我要像陶渊明、杜甫那样不惧贫穷，不畏灾难，用自己的知识和头脑，去创造财富。他觉得自己就像是"苦熬出来的枸杞膏"一样，总有一天会被人们当成宝贝。他穿行在微风细雨中，抬头间看到天边渐渐呈现出美丽的彩虹。

第二章 果红夏秋

　　2017 年的秋天，笔者和几位记者现场采访周金科时，看到了一个真实的细节：他从办公室走向枸杞加工厂的途中，看到了路上有一颗掉落的干枸杞，马上情不自禁地蹲下去捡起来，捏在手里到车间，然后小心翼翼放在堆满干枸杞的大箅子上。他对枸杞的这种用情之真，结缘之深，珍惜之举，令我们十分感动。他拣着这颗失落的枸杞，也是在拣着他人到中年，艰苦创业的枸杞人生。

　　他清楚地记得，那一段的艰难岁月，是一支用全部血汗谱写的果红夏秋的奋斗之歌。

　　枸杞果的母亲是枸杞树。这位植物王国中的神奇母亲，她具有抗旱能力强，抗盐碱性强，抗病虫害能力强，耐贫瘠、耐高肥，既耐高温又耐寒冷的五大优点；但又存在着抗涝性差的先天弱点。在一生中，她得到了上天的护佑，也经历了各种沉痛的磨难，但从不放弃扎根大地，顽强生长，开花结果，造福天下的崇高信念。她面对冬天的寒风，积蓄生命的力量。她穿过春天的雨阵，踏平成长的坎坷。她把握春夏交融的节拍，酝酿着花香果红的丰收之歌。仅她的花朵，就度过了花蕾期、现蕾期、幼蕾期、开绽期、开花期、谢花期的一生。仅她的绿叶，就有过老眼枝叶片，春七寸枝叶片，二混枝叶片，秋七寸枝叶片的各种造化。而她"怀孕"出果时，又经历了青春期、变色期、成熟期的三大"战役"。无论它的果实品质有何变化，但不变的是一种生生不息的奋斗精神与奉献境界：果红夏秋。

也许是上天将枸杞命运与周金科的人生命运紧密相连，互动交融。枸杞浓缩了周金科追求一生的希望之光。迷恋上枸杞的周金科一出道，就有了"初贩运遭坐班房"，"开小店暗度陈仓"，"建厂房呕心沥血"，"办公司曾遭诽谤"等诸多难关。但他骨子里有枸杞"果红夏秋"的朗朗神韵。蒙冤坐牢不丧气，缺乏资金不泄气，办厂受挫不散气，上当受骗不怨气，荣当劳模不骄气，受到众捧不傲气，腰缠万贯不小气，善行一方不松气，便有了"两上北京挂奖章"，"三当老总美名扬"，"众传口碑枸杞王"的人生喜剧。面对中年创业的那一段经历，周金科有一句最朴素的格言："人在干，天在看，因果投缘是真言！"他还有一个用行动大写的留言："只有穿过寒冷冬天的炼狱，才有果红夏秋的美景。"

周金科拣果子的那一个镜头暂时消失了，他的枸杞创业史留影，又在我们眼前渐渐呈现出一片令人品味的七彩色。

第一节 初借春风才试航　头雁先飞遇风霜

　　为了能让一家人吃饱穿暖，为了能给新婚的妻子买件新衣服。新婚后的第三天，周金科又去药材公司拉大锯了。他是个有心人，在药材公司长期打工时，从王经理和天津外贸公司的朋友那里了解到，中宁枸杞早在明朝时期，就已经被指定为皇帝的御用贡品而名满天下了。到清朝康乾盛世时，中宁枸杞经过水、旱两路分别出口。一路从黄河水路运往包头，再用火车运往天津塘沽码头出境贸易；另一路则出萧关经西安到广州出境贸易。从此，在他年轻而智慧的大脑里就产生了一个远大梦想，那就是有朝一日，他要亲手把中宁枸杞销往全世界，和杞乡人一起，创造一个比康乾盛世的枸杞贸易更加宏伟的繁荣景象。但一想到现实，他的眉头又微微闪颤。

　　1980 年，党中央召开了党的第十一届三中全会，从报纸和广播新闻上，头脑灵活的周金科敏锐地觉察出，国家的政策要变了，因为公社和大队干部对割资本主义尾巴等口号，喊得已经不是很响了。

　　忽如一夜春风来，千树万树梨花开。

　　1980 年初春，正当全国改革开放的春风吹遍大地，南方人做生意、搞贩运已经如火如荼，土地下放承包到户的政策信息，也已经在农村开始蔓延。不过，对于中宁县这个塞外小城而言，却还在为"姓社姓资"

的社会问题争论不休。晚间，漫步于中宁街头，望着县城楼房和行走的人群，周金科思考着，一旦机遇来临，我该怎么办？这时，他又看到了街西枸杞姑娘的雕塑像，大脑立刻就出现了枸杞园红艳如珠的景象来。一个大胆的想法在脑中酝酿。

正在这时，广州一位药材公司的朋友打来电话，请他帮助采购650公斤枸杞发去。他怀着忐忑不安的心情去乡下买来枸杞，然后又用箱子包装好，准备悄悄从邮政局发往广州。妻子王代英知道后对他说："你那个朋友不知道能不能把钱打给我们，别肉包子打狗，有去无回。"其实他自己心里也没有底，因为他也是第一次做这样的事，经过稍稍犹豫之后就下了决心，大胆地把枸杞发出去了。他觉得既然答应了人家，就要说话算数讲信义，不然以后还怎么与人合作相处。想不到一个星期之后，广州的朋友给他汇来了500元的劳务费。他兴奋极了，在屋里来回踱步，憧憬着下一单生意。妻子看着他春风得意的笑容，给他端上了一杯红糖茶。

第一次尝到了做枸杞生意的甜头，他就把这个赚钱的机会和方法告诉了生产大队的领导和自己的亲戚朋友，想鼓励大家一起做枸杞生意发家致富，但却遭到了人们的嘲笑。有人说他这是在痴人说梦，也有人说他是资本主义尾巴又露出来了，甚至有人还说他天生就是个不安分的人，想犯法蹲监狱呢。

面对这些说法，周金科又一次陷入了矛盾之中。20世纪80年代以前，枸杞属于国家统购统销物资，全国各地生产的枸杞，晒干后必须由当地县药材公司统一收购，加工分配销往规定的地方。中宁药材公司便是中宁唯一合法的枸杞加工集散场所。此外，没有个人随便做枸杞生意的先例。他已经这样做了，如果现在收手，实在心有不甘，为了真正弄清枸杞的来龙去脉和生产加工程序，他下了一番功夫。

那时候，枸杞加工工艺简单落后，只有几道工序：筛选、人工拣选、分等、包装而已。工作单调、枯燥，工作场所灰尘大，技术含量低。然而，他是个爱动脑筋的人。在他看来，枸杞既是中药材，又是知名度很高的滋补佳品，人称红宝。作为一个终日和枸杞打交道的人，就必须了解它的性能和功效。要知道它的有益成分、药理作用。枸杞是商品，交易过程中要准确地掌握各类枸杞价值的品评本领；枸杞加工过程中，运用什么技术才能保护枸杞特有的鲜艳色泽和有效成分不被破坏，还有储存、包装中防霉和防虫等基本技术问题。他处处虚心，奋进好学，逐步积累了丰厚的枸杞专业知识，加工技术和管理经验，成为枸杞加工交易的行家里手。如果现在放手，岂不是前功尽弃。他思来想去，还是决定接着做枸杞生意。又有人劝他："周金科，你快转行搞房产去！你如果再搞枸杞生意去，就真的要蹲监狱了。"

果不其然，就在他准备继续收购枸杞再发往天津等地时，公安局的人把他抓了起来。原来广州的那位朋友因为做违法生意被查处时，发现有一批枸杞是他周金科给提供的，于是给中宁县政府发来调查函请求核对，谁知县委政法委的人吃不准政策，不问青红皂白，就直接给他定了个投机倒把的罪名，逮捕入狱。

走在通往监狱的大路上，周金科又气又恨，百思不得其解。他脑子里一片混乱，想吵架，没人理睬；想辩论，没人说话。他扭头看见一个熟人，人家装作没看见，转身就走。他气得双眼发红，大口喘气，真想拼命。但闪念一想。还是要听老人的话："人活一生，百忍是金。"男子汉做人做事，要学会忍耐。只有忍耐，才有时间与经历去消除乌云迎接晴天。正是充满理性的这一忍，周金科的命运才有了更大的转机。

第二节 蒙冤也不能气短　枯井也可以生泉

　　面对某些公安干部的恐吓利诱和刑讯逼供，周金科无奈地交出了500元劳务费，但不承认自己犯了投机倒把罪。在法庭上，他与法官据理力争，法官说他认罪态度不好，给他判了三年六个月有期徒刑。他不服判决，立即让家人上诉。他的妻子王代英，拿着《人民日报》上刊登的一篇《长途贩运是合法经营，不属于投机倒把罪的范畴》的文章多次去找县委书记、县长申诉，但都被当时的县领导以"报纸不代表法律"为由而拒之不理，并从此躲着不再见她。王代英回到家，望着几个年幼无知的孩子，这个痛苦无助的女人整天只能以泪洗面。深夜，她放声痛哭，然而，苍天无应。

　　这个十分坚强与聪慧的杞乡女人，她认定丈夫没有错，她认定雨天过后还有晴天，她认定眼泪救不了苦难。只有以死相搏，为丈夫申冤到底！

　　好一个王代英，不愧是杞乡奇女！她比秦香莲更坚强，她比王宝钏更爱丈夫，她比梁秋燕更勇敢！她坚信：共产党是人民的大靠山！她也明白：这是一场艰难持久的申冤战！

　　一天上午，她从县上工作的一个亲戚那里得知，县长兼政法委书记要去监狱检查工作，王代英立即拿上报纸往监狱跑。她在监狱的大门口向过路的农民、教师、学生、监狱的管理人员诉说着周金科的冤屈，说到激动处她声泪俱下几次差点昏厥过去，许多人被她的哭诉打动了，都流下了同情的眼泪。她看见县长来了，赶紧跑上去准备诉说时，一群公安人员赶上来，不由分说就将她连拉带拖给架走了。

这时，天空中乌云压顶，令人窒息。随着一场秋雨的降临，王代英弱小的身影和她那凄惨的哭喊声，被淹没在了一片凄风苦雨之中。

真是屋漏偏逢阴雨天。几天后，她擦干了眼泪，提着一袋连夜做好的热包子，背着两岁的小儿子小吉去监狱里探望周金科，刚走到监狱门前，被一个小头目拦住了。小头目听说她要给周金科送吃的，不由分说就将包子扔到了房顶上。她伤心地往回走着，觉得现在的人怎么都跟仇人、敌人似的，没有一点人情味。几天后，她又背着小吉去探望周金科，在去监狱的路上，一个厂里的同事告诉她："王代英，你昨夜可闯下大祸了。"王代英莫名其妙，问道："我闯下啥天祸了？"那人说："你昨天下班时没关好电源，把仓库里库存的几十条电褥子全烧了，经理要你用一年的工资赔偿呢，你这下可惨了。"这个消息犹如一声惊雷，震得她一下子瘫倒在地上。两岁的小吉摇着她的胳膊大哭。过路的好心人边安慰着，边给她喝了一口凉水，她才渐渐缓过来气了。看着黑沉沉的监狱大门紧闭着，王代英绝望地准备往回走，小吉却像是看到了爸爸一样，盯着一个黑乎乎的门洞大声喊着，"爸爸，爸爸……"他趴在地上将小手伸进门洞去拉，像是要把爸爸从门洞里拉出来似的。未见爸爸出来，他嘴里仍然叫喊着："爸爸，爸爸。"但是仍然没有回声，小吉还是拼命地拉着、哭着、喊着……此景此情，犹如一把刀子搅在王代英的心上，她心痛万分，泪雨涟涟，不由得双膝跪地，向苍天喊着："天啊，你就可怜可怜我的孩子吧，你快救救我的男人啊，他可是个好人呀……"

回到家中，王代英又看到了让她心酸的场景：在几间空荡荡的破土屋里，几个穿着补丁摞补丁的孩子，正坐在大炕上可怜巴巴地抱着空碗舔着。她赶紧打开米袋子准备做饭，可是袋子里竟没有一粒米了。她含着泪烧开了水，切上几个菜头，熬了一锅菜汤让孩子们充饥。傍晚，她又一个人扛着锹坐在田埂上，等别人家的地都灌满了才浇自己的稻田，有时候一等就是半夜。这天夜里，她坐在田埂上暗自流泪，丈夫进了监狱，一家人突然没有了生活来源，只靠自己在农具社每月挣的30多块钱维持生存，现在自己不小心又把农具社里几十条电褥子给烧了，这一年的工资都不够赔，真是"麻绳偏从细处断"啊！老天爷呀，你这是火上浇油有心要我的命呐，我王代英从来不做亏待人的事情，怎么就这么对我呀。天越来越黑，她不敢放声大哭，只能任凭心酸的泪水尽情流淌，眼泪湿透了衣襟，一股寒风吹来，让她打了一个冷战，猛地一睁大眼睛，才发现眼前明晃晃一片，原来水已经流到自家地头了，田埂也被水冲毁了。她立刻跳起来卷起裤腿下水，用铁锹在水田里捞泥加埂。等到田灌满了，她自己也累倒在田野里。当晨风吹醒她的时候，这个苦命的女人又从田埂上爬起，拖着疲倦的身子孤独地向家里走去。几个年幼的孩子还等着她给他们穿衣服洗脸和做饭，然后送他们上学。在她的身后，干枯了一冬天的枸杞树，得到一场浓浓春水的滋润后，也正在开始拔节抽芽。

第三节 只要能扛过寒冬 就会有杞花随春

　　空荡荡的土屋里，暗弱的灯光，此时就像一个鬼头灯，闪动着阴暗与微弱的光。冷飕飕的夜风，仿佛是阎王传来的催命声，扇动着破烂的窗纸，敲打着夺人心魄的哀乐。还有院外的雪花，像是魔鬼的手散发着催命之火。这都是王代英的悲切感受。她哭干了泪，熬红了眼，头又发晕，眼前的一切天旋地转，变异失常。她真想睡一觉，不再醒来。但看着眼前的几个孩子，又不敢有任何轻生的念头。她烧了一锅水，便又开始洗衣服。一会儿，大儿子端着一碗白开水站在她眼前，一双渴望与关心的目光望着她。她哭着接过了碗，一口饮下，然后紧紧抱住这苦命的孩子。就是这一抱，王代英想出一个强大的念头，一定好好地活下去，为了丈夫，为了孩子，再受多大的苦都值得。后来，王代英回忆起这一情景，感慨万千。她说："不论是男人或者女人，不管是富人或者穷人，都要学会一个'挺'，大山挺身就有高度，人要挺腰才有骨气。人和动物不一样，一些动物是爬着走，而人要站着走，遇到被别人打趴时，可以流泪，可以流血，但不可以失去人格与人性，只要坚强地挺过那一个难关，后面就有好事来。"

　　正是王代英有力支撑，周金科下决心渡过难关。在阴暗潮湿的监狱伙房里，干完农活回来的周金科又开始给犯人做饭。他系上围裙，用柴火一边烧锅，一边用擀杖擀面，等擀完三大张面，他已经累得腰酸腿痛。他想不明白政府为什么要这样对待一个不过帮朋友买了点枸杞挣了几个手续费的老百姓。他万万没有想到，他入狱的背后竟然还牵连着一件事情。当时有人想整垮县药材公司的老经理并取而代之，便想从周金科身上找到一些证据。然而周金科认定了一个道理：做人就要像父亲那样正直、坦荡和有骨气！做人绝不能做坏良心的事。他暗下决心，宁可把牢底坐穿，也绝不会编瞎话害好人。他拒绝提供证词，自然也招来了更多的麻烦。监狱的人先是不停地说好话想进行诱供，见他不上当就开始给他减少饮食，拒绝家人及一切外来人看望他，还让他干完农活后再给犯人做饭。有个犯人在一旁给他递耳音："金科呀，看这架势你要是再不揭发的话，人家要把你往死里整啊。你这辈子怕是再也没有出头之日了。"周金科默默地听着，心里突然想起妻子和几个儿女来，今夜不知他们吃饭了没有？一想到这儿，他心中一阵痛楚。他知道，家里一离开他，必然会有一言难尽的苦处。他这样想着，但不让自己发出痛苦的声音。那个人见他不吭气就递过一根黑棒子卷烟，还冲他诡秘地笑着，见他不接便自顾自地猛吸了一口，望着空中吐出的一长串烟圈叹道："人不为己天诛地灭，你何必为了一个与自己非亲非故的人去遭这个罪呢。"周金科看着烟圈在空气中渐渐散去，才明白了对方的意思。他这是受人指示专门来开化自己的。周金科顿时一股厌恶之气油然而生。他鄙夷地看着对方摇了摇头，双臂抱膀，正形大坐。一会儿，他忽然记起老父亲活着时领他去看冬天的枸杞园的情景。当时，一棵枸杞树被人们折断了枝干，就像一个受了重伤正在苟延残喘的山豹子等待着生命的终结。周金科扶着枸杞树的断枝叹息道："爹，这棵枸杞树好像活不成了，可能会被冻死的。"父亲从旁边拔下几根芦苇把折断的树枝捆紧后告诉他："傻瓜，这枸杞树是天下最泼实、最耐冻的东西，它的枝虽然断了，但根还活着，只要能扛过冬天，它还会开花结果。"周金科不以为意，却突然想起自己小时候从黄河里往上爬时抓住并折断的那棵枸杞树来，赶紧跑到跟前去看，果然，那棵枸杞树的残枝被父亲捆扎好，经历了一个冬天的折磨后，已经枝繁叶茂地挂满了红红的果实。从这件事情上他明白了：一个人，只有心气旺盛，骨气长存，即使命运落到了最坎坷的境地，也能熬过黑暗迎接光明，这是历史的必然也是人生的必然。这种想法虽然朦胧而又邈远，但也是最单纯、最朴素、最现实的人生道理。他永远相信，人的命运也会像那棵断枝落叶的枸杞树一样会应运好转。正是这样的信念，支撑着他熬过了这段最沉闷的岁月。

　　有一天，他住的牢房里，被投进了一个干部模样的年轻人。进来后，他情绪烦躁，长吁短叹，甚至出现痛不欲生的表现。监狱负责人给周金科安排了一项政治任务，让他格外关注这个人的情绪表现，不要发生意外。周金科与这个年轻人年龄相差一轮，但当时都是受难的人，很快就能沟通。经与这个年轻人交流后知道，他是因为擦枪走火后误伤其战友的。于是，周金科说前比后，耐心地做思想工作，帮助其释放压力，等待组织调查落实。当他的情绪稳定后，也询问了周金科的情况。周金科如实将自己为朋友从外地购买枸杞，挣了500元而蒙冤坐牢的事情告诉了他。这位年轻人是吴忠市中级人民法院的一名干部，他懂法律，认为周金科是冤案，也鼓励周金科放下精神负担，政府会按政策法律公平处理这件事。周金科的妻子送来吃的，两人共同分吃，渐渐地两人从相互同情到相互关切。

　　过了几天后，这位年轻人又出现了反常现象，蹲在监狱里不愿与别人说话。昏暗的灯光下，他坐在地上，双手捂住日渐憔悴的脸庞，双膝并拢，时有微抖，全身缩成一团，宛如卧在暴风雪中的可怜乞丐。周金科上前掰开了他的双手，蹲下来问其缘由。原来是他的案子一时结不了，而过去他帮助的一些"官人"不来看望他，他仿佛变成了一堆臭狗屎。这使他心里很难过。而周金科却不一样，还有人来探监。曾经有一个其貌不扬，穿戴不整，说话大大咧咧的乡下人，还提着自家做的热馍馍来看望周金科，见面时还说了很多安慰的宽心话。这位年轻人想不通，同是坐牢人，为什么会有两种结局？周金科一时也说不清其中的大道理，只是好言安慰。深夜时，周金科独自反省这件事。他想起了已去世的老父亲。记得他小时所生活的旧社会，到处都有富人欺穷人，官人诈百姓的事。性格刚直倔犟的老父亲不愿受恶霸与当官的欺辱，瞪大了眼睛跟他们论理说法，不但遭到了毒打，还被抓到大牢里挨打流血。但父亲性格不改，后来到中宁又吃过坐牢的大亏，依旧疾恶如仇，见穷人就帮，最终还落得好人缘。周金科从父亲的经历与今天发生的事情中明白了一个道理：人交人，关键要交心。喝一场好酒，能让人热血沸腾；做一笔交易，也能给人带来财运，但这酒与财终不及人心更可靠。这位年轻人有权时，便被人前呼后拥，称兄道弟。一时落难，便门庭败落，人见避之。由此看来，一个人要想成功，必须懂得善人修福的道理。以善心换善心，才能做到交友一条心，造福能同心，患难不分心，生死心连心。正是这样的信念。使周金科对这位难友更加关心，一起促膝谈心，看到家属拿来了一个大热饼，周金科一分两半，一人吃一半。

十几天后，这位年轻人的问题得到了落实，很快就出狱了。出狱前，这位年轻人叮嘱周金科托亲友写诉状到吴忠（当时地区法院所在地）找他，帮助疏通解决问题。周金科写了个申诉状，由他的哥哥带到吴忠。上诉后经过一番调查，周金科一案开始有了新的转机。

第四节 朋友是无价黄金　信念是人生明灯

1981年5月，尽管这一年的春天来得迟了一些，但严寒终究挡不住大地春潮的涌动。长途贩运属于合法经营作为一项国家政策被载入史册。在中宁这个大西北的角落里，周金科终于迎来了他人生中最具有非凡意义的春天。他再次向当时的银南地区法院提起上诉，地区法院经过调查核实后，由原来的三年六个月改判他为一年，并且根据他已经实际服刑一年的事实释放了他。不久，他的案子又被作为冤假错案得到了彻底平反，这更激发了这个年轻人渴望致富的雄心壮志，增强了创枸杞大业的豪情。

自治区外贸的几位朋友闻讯后，从银川赶到中宁，专程为周金科设宴接风。在一个小饭馆里，摆上了几个家常菜和一盘花生米，大家举酒示贺。药材公司的王经理真诚地向他敬酒道："吉人自有天相，好人当有好报，要不是你当初拒绝写陷害我的黑材料，我可能早就被抓进大牢到现在还出不来呢。你是个有良心的人，我们都相信你以后会有好日子过的，来，干一杯！"那天，几个患难之交的友人在干脆爽快的碰杯声中，倾诉着各自的心声，计划着今后的打算。田园深处，那棵断枝落叶的枸杞树，在春风摇曳中又开始伸胳膊蹬腿地焕发着新姿。

数日后，身穿农民便装的周金科又在田野里转悠。放眼看去，金色的麦浪，绿色的稻海，五彩缤纷的菜地，还有万绿丛中一串红的枸杞园，构成了中华杞乡的秀美画卷。周金科的脚步，不由自主地到了长势茂盛的一片枸杞园，他最熟悉的目光，情不自禁地又看到了那与人比高的枸杞树。不老的枸杞情，不灭的枸杞魂，总拽着他的心在此兴游。看见舟塔乡一带的七星渠了，又想起了那些有趣的枸杞故事。曾有这样一个故事很有趣，说的是龙树与千岁枸杞。

传说在胶东大泽山中，有个偏僻的小村庄，村东头有眼古井，在农历二月初二的一天早晨，突然从井口冒出两缕青烟，继而又从井中蹿出两条巨龙，在井的上空昂首摆尾，翻滚了一阵子后，回头向井内吐了两颗红色耀眼的龙珠，然后便腾云驾雾摇头摆尾直奔东海而去。龙珠在井中变成了两棵大枸杞树，树根深深地扎在井壁的砖缝里。此树长了多少年谁也说不清，只是它粗壮的茎干和灰白色的枝条沿井壁下垂，长达两米有余，枝繁叶茂，好像两条意欲向上腾飞的巨龙，乡民们称为龙树。每逢秋季龙树红果累累，晶莹透亮，闪闪发光，如龙珠一样。成熟的枸杞果因无人采摘，其果和叶落在水中浸泡，井水变得甘甜爽口，居住此村的村民世世代代饮用此水大都长寿。久而久之，人们给该村起了一个吉祥的名字叫长寿村。

这仅仅是传说，但舟塔乡的确是出现了很多枸杞迷和枸杞寿星。最典型的当数舟塔乡上桥村，被人称为枸杞之父的张佐汉老人。张佐汉一生种枸杞，受过很多委屈，吃了很多苦，见过被大锹挖掉，被大火烧毁的新枸杞树，但他从来不放下那把大锹，那把剪刀，还有肩上的那副扁担。同村的一些人，不到70岁就撒手而去。就是这个张佐汉，不改初心，不怨社会，也不放弃信念，还是把全部身心放在枸杞园。有一日，天降大雨，张佐汉戴着草帽仍在雨中修剪枝条，老伴送饭来了，见这情景大声喊："老头子呀，快回家躲雨啊！"张佐汉仿佛听不见，仍冒雨剪枝，留下了中宁人传为佳话的雨中塑影。张佐汉一辈子迷枸杞，直到

90 多岁时，才驾鹤西去，被乡亲们称之为"枸杞神"。当时的周金科正是在这些传说故事的影响下，坚定了枸杞情，锁定了枸杞魂，生生死死爱枸杞，跌倒爬起护枸杞，一生一世迷枸杞，培养子孙产枸杞，一定把枸杞事业搞出个名堂来。

　　人生的成功，来自于多种因果。但相对而言，选择比行程更重要，决策比行动更宝贵，创业比守业更有发展前景。尤其是一种新生事物还处在萌芽期时，只有先行一步，行好一步，才能有新的收获。周金科正是明白了这一点，便率先迈开了规模经营中宁枸杞的第一步。

第五节 先行者会遇坎坷　闯过去便有美景

　　1982 年的夏天，塞北杞乡迎来了一个特别的盛夏。就像俄国著名作家肖洛霍夫笔下的故乡之夏那样，这是一个激情燃烧的夏天。一大早，太阳就像个挥洒酷暑的热情大汉，仿佛蹲在天空中，东一把西一把地挥洒着巨热，给黄河浇上了一层霞光，给枸杞园披上了一层金衣，也给正在忙碌摘枸杞的茨农们泼上一头汗水。午时，不堪太阳暴晒的人们已经陆陆续续回到了家里，周金科一直等到田野里空无一人的时候才从枸杞园往回走，他一进屋先用木瓢舀了一瓢凉水美美地喝了一大口，然后从筐里抓起一把刚摘来的鲜枸杞，坐在门口那棵老柳树下慢慢地吃着，静静地思索着。几颗鲜红的枸杞子在他的掌心里，犹如贵夫人项上的玛瑙那样晶莹剔透，又像是天上的星星荧光四射，不仅让他想起传说故事中王母娘娘耳朵上的那一对红宝石耳坠来。记得小时候，队上有个说书老人最爱讲故事。说书人讲道：宁安堡的红枸杞是因为当年王母娘娘不小心把耳坠丢到了这里才变成红枸杞的。也有人说，过去曾经有个叫狗娃的人娶了一位苦命妻子，他们从清水河的红石崖上摘来了野枸杞，无意中治好了老母亲的病，从此枸杞有了"神果"的美誉。也就从那时候起，农夫把野枸杞树移植在家园里种植，于是才揭开了枸杞家种的历史。这些有关枸杞的传说，让周金科从儿时起就对枸杞痴迷。

为了进一步了解枸杞的药用价值和功能特性，更好地宣传和推销枸杞，周金科专门去拜访了镇上一位老中医。老中医告诉他枸杞早在2500年前，就已经被应用于中医药的研究与开发，明朝著名中医大师李时珍对枸杞进行了反复试验并亲自体验后，将枸杞载入《本草纲目》，使人们认知了枸杞气可充、血可补、阳可生、阴可长、火可降、风可祛之十全之妙的神奇，随着知识面的进一步增加和眼界的扩大，他又从书籍中了解到历代文人墨客如苏东坡、刘禹锡等为枸杞而歌，使枸杞披上了文化传奇的美丽彩衣。按照过去宁安堡的方言讲："枸杞子就是中宁的金疙瘩。"

可是，刚刚从监狱出来的他还是心有余悸，无情的政治运动、莫须有的罪名、满天飞的帽子，随时都有可能扣到他头上。他又出现了犹豫状态，肚子里面开始咕噜噜地叫唤，孩子们也该放学了，周金科叹了一口气，刚准备去烧水做饭。这时，大门吱的一声开了，是妻子王代英拿着一张报纸从农具社回来了，见周金科坐在老柳树下乘凉，就走近他身前兴奋地说："老周啊，现在的风向真的要变了，你看报纸上都大讲改革开放和土地下放呢，中央领导说先让一部分人富起来，你说我们该咋办呀？"周金科急忙接过报纸看了看，他知道王代英说的都是真的，可是县领导不是说过"报纸不代表法律"吗？不过在他心底，似乎有一股春风暖流在涌动。妻子见他动了动嘴没有吱声，就围上围裙做饭去了。他看着妻子提水进屋的背影，心里盘算着搞枸杞加工的设想。

走进屋里的周金科来到灶旁一边帮着洗菜一边问道："我想自己搞枸杞加工，给宁夏外贸供货，你看行不。"王代英说："好啊，我也正琢磨这事呢。区外贸公司的朋友都对你不错。要不，咱们干脆先办个枸杞加工厂，你看怎么样？"

"办加工厂！"周金科顿时瞪大了眼睛。使他不得不对这位跟自己饱经磨难的女人刮目相看。他说："好是好，只是……"王代英看出了他的担忧，也附和着说："我也担心会有人在背地里捣鬼，弄不好又说咱们是投机倒把。"

"投机倒把"这四个字，对于周金科来说很是敏感，这曾如晴天骤响的惊雷，给他带来了一生难忘的蒙冤坐牢之灾。它不但没有让周金科胆怯退缩，反而激起了他的逆反心理，他说："什么投机倒把？国家不是早已明确了长途贩运是合法经营吗？再说，党中央都说要让一部分人先富起来吗，这还有啥错！这回我非要办个加工厂，我倒要看看，谁家还能再给我定个投机倒把罪。"周金科有些激动起来，声调非常强硬。

王代英还从来没有见周金科发过这么大脾气，真是知夫莫如妻。王代英知道周金科一旦决定了的事情绝不会改变，何况办加工厂是自己先提出来的。便说："好，说办就办。明天你就去县工商局登记注册，咱们开个枸杞加工厂，探一探路。"

说是说，做是做，真要决定下来干，周金科心里还得仔细盘算。仅建厂房购设备，就得花几万元资金，可手头上哪有这么多钱呢？此外，还要批地皮，办贷款，求人送礼等，不知要到啥时候才能办下来。他周金科这辈子吃苦不怕、受罪不怕、就怕求人，可是不求人枸杞加工厂就办不起来，怎么办？他的眼光突然落在了那三间大屋，对了，就把家里这三间大屋腾出来做厂房，找农具厂的师傅制作三个筛选机和一个鼓风车，顶多花上两千块钱就能开始干了。供货多的时候雇几个人拣枸杞就行了。其他事情如分等、包装、收购、发货等，自己就是现成的技术员，那都是这么多年在药材公司打工积累下来的经验，不用找别人自己都能干。说干就干，他一个蹦子跳起来就要出门，妻子赶忙喊住他："老周，先吃饭吧，肚子吃饱了再干不迟。"周金科这才意识到肚子早就饿得难受了，转身又回来。

王代英利索地将一碗油泼辣子面端到周金科面前后，又分别给几个孩子把饭舀到碗里。然后自己也舀了一小碗做到周金科旁边吃起来。她问周金科："有办法了没有？"周金科说："有了。"接着，他就把自己的想法告诉了妻子。王代英一听顿时高兴地赞赏道："行啊，老周，这个办法不错，两千块钱咱还能拿出来。"说着，她放下碗就进里屋去找钱。一会儿，她拿着一个布包出来，从里面取出一大把票子数着。周金科看着她数钱的样子特别认真，认真得有点近乎可笑。这些钱以前在她手里也不知道数过多少遍了，那是这些年来她一元一元攒下来的血汗钱。几个孩子也睁大了眼睛望着母亲数钱。他们可能是第一次看见这么多钱，所以看得连饭都顾不上吃。周金科看着面前这个跟着自己劳累了半生的妻子，又看了看几个可怜的孩子，办加工厂的决心更加坚决。他再不能这样穷下去了，既然国家有了好政策，就一定要想办法挣钱，不但要让一家人不再受穷，还要过得风风光光。

王代英连续数了四五遍，才把钱递给丈夫："娃他爹，一共是一千八百三十三块七毛五分，你拿去吧。"周金科接过钱看了看说："钱是差不多，你先收起来，我明天先到县工商局去打听一下办加工厂的手续。"

第二天一早，周金科向县工商局递上了一个红枸杞经销部的登记申请，这也是全县第一个成立枸杞经销部的申请。一个星期后批复下来了，但没想到，枸杞经销部被换成了日杂门市部。周金科有些不可思议。

早上八点刚上班，他就跑到县工商局去问："为什么没有批枸杞经销部，这到底是咋回事？"一个穿工商局制服的中年干部端着茶杯一边喝一边解释道："枸杞不能由个人经营，难道你不知道吗？"周金科辩解道："不是开放了吗，报纸上都登出来了，私人可以经营农副产品，南方好多地方都能经营土特产，我们咋就不能？何况枸杞都是自家种的农产品，为什么就不允许个人经营，难道中央的政策不算数吗？"对方对着他冷笑一声："国家有规定，枸杞作为药材，归县药材公司专营，你个人是无权经营的。"周金科听后叹息一声，回到家中与妻子商量，先让二女儿在县城开一个个体日杂门市部做门面，我们就在家里悄悄搞枸杞加工，只为宁夏外贸的朋友小批量供货。一家人同意了他的想法。就这样，中宁县的第一个个体日杂门市部开张了。同时，中宁县的第一个私人枸杞加工厂也悄无声息地开始运行了。半个月后，他收到了第一笔枸杞加工费一千三百块钱。那天下午，他看着妻子手里拿着一沓崭新的人民币兴奋地数着，饱经沧桑的脸上终于露出了欣慰的微笑。

过了几天后，从小就喜欢打篮球的周金科路过球场时，观看一群年轻人打球，有人悄声对周金科说："老周呀，我们家乡人都支持你搞枸杞经销。可有人看不惯你的所作所为，说你这样搞下去会二次进监狱哩。"周金科指着篮球说："我不怕，有政策撑腰，有群众支持。我怕啥？做人嘛，就像这篮球一样，气要足。只有气足，内力就会饱满，拍起来就有弹性。如果泄气，这篮球就没啥价值了。气可鼓而不可泄，才有做人的味道。"这人一听，给周金科竖了个大拇指。周金科笑着点了点头，转身向自己的门市部大步走去。

第六节 首当全县万元户 迈开一步看三步

大半年后，周金科赚回的枸杞加工费已经累计达到了一万多元。万元户在今天不算个啥，在当时可是个了不起的事。善良的村民们带着佩服的赞许，仨仨两两地传递着周金科的新闻。村长知道了他的情况后就汇报到县上，当时县上正在树立发家致富的典型。也有个别对上面政策不了解的人认为，这次周金科又要栽了。万万没想到，中宁县第一个万元户周金科，不仅没有再进监狱，反而成了全县发家致富的模范带头人。随后，周金科向县上有关领导和部门提出了成立首家私营枸杞购销公司的想法，领导很支持他的想法，但没有马上明确答复，让周金科耐心等待。相信等待的日子不会太久。

晚上，周金科琢磨着要扩大加工厂的规模，力争一年利润累计达到十万元。他刚躺到床上，王代英就拿着一张报纸惊叫道："老周，不好了，今天的报纸怎么又在讲大集体、暴发户的事情啊，有人还主张回到大集体的生产中去呢。"周金科瞄了一眼报纸淡淡地道："甭管它！反正我是豁出去了，有些人就是见别人挣了钱，就得红眼病，我不但要当万元户，以后还要当百万富翁。只要我们守法经营，按政策致富，谁也别想拦住我的路"。王代英望着倔犟的丈夫闭上了眼睛，她抹着湿润的眼窝讷讷地说："我真怕有人再犯红眼病，把我们告进去。"话未说完，只见劳累了一天的周金科已经打着均匀的鼾声呼呼入睡了。

几天后，周金科经过考察，在外面租了一个100多平方米的大院子，略微粉刷后就开工了。每天天还没亮，周金科和王代英就爬起来，打发孩子上学后就换上工作服到加工厂干活。厂子虽然简陋但干净整洁。院外是一个只有200多平方米大的露天晒场，凉席上晒满了红红的枸杞干果，如果遇到阴天下雨，就得赶紧装进袋子里封严防止受潮。屋子里的案子两边坐着二十多个农村妇女，她们以最快的速度分拣出好枸杞和烂枸杞，然后把好枸杞放到分选机上分等级。傍晚时分，王代英根据她们拣选的枸杞数量付工钱。他俩除了分派和监督大家干活外，还要亲自分货、验收、包装，有时中午顾不上做饭，就从家里带些馍馍夹点咸菜将就一顿。晚上工人走了，他们还得记账、贴标签，把明天需要加工的枸杞准备好。遇到发货时，还要连夜把包装好的枸杞装车，看着车安全上了路才锁门回家。就这样饱一顿饥一顿，辛辛苦苦坚持着自己的事业。

"看似寻常最奇崛，成如容易却艰辛。"这是宋代著名人物王安石留下的名诗佳句。这句话用在周金科身上再合适不过了。

1983年8月的一天，秋高气爽，艳阳高照，无际的天空一片蔚蓝。周金科一大早就骑上那辆旧飞鸽自行车，到周围村庄的枸杞园察看。他越看越高兴，刚挣脱大集体束缚的父老乡亲们，在自己的承包地里自由自在地耕耘着，人们的脸上挂满了笑容。苹果、红枣坠弯枝头，露出红红的脸蛋在向他们的主人微笑；田里的五谷长势茂盛，也在向人们展示着丰收的希望；蔬菜地里的茄子、辣椒等清脆鲜嫩，尽情散发着浓郁的香味；尤其那火红的枸杞园，已经挂满了酱紫色的枸杞果，这让踌躇满志的周金科，对红枸杞事业执着追求的雄心壮志更加坚定。他暗下决心，要走好三步路：第一步，为中宁县枸杞产业做个新样板；第二步，尽自己的最大力量，让中宁枸杞带动宁夏枸杞更上一层楼；第三步，一定要再新建一座全国最大的枸杞加工厂，把全县所有茨农生产的枸杞都销售出去，让所有的茨农都能真真切切感受到枸杞的实惠和价值。在回家的路上，他给天津外贸的商客朋友打去电话："我要和你们签新合同，要扩大交易额。"对方呵呵一笑："行，你能供多少，我们就收多少。"那天，周金科高兴地在饭馆里要了一瓶老白干，就着一碟炒鸡蛋喝着，心里又在盘算更新设备扩大加工量的计划。这时，几位村干部看见了他，就开始低声议论。有人说周金科是个大能人，这几年借着党的好政策发了大财。有人则说周金科是个体暴发户，将来一定会倒霉。周金科听后，坦然地付之一笑。他相信一位哲学家的名言："走自己的路，让别人去说吧。"

第七节 你给农民一颗心　农民还你一生情

在改革开放初期，宁夏许多商品的流通渠道经常会出现"肠梗阻"。而枸杞的种植波动，又频频出现。有一天早晨，万里无云，骄阳似火。周金科骑着自行车到盛产枸杞的舟塔乡潘营村去调查枸杞挂果情况。一路上，他看见许多人正在把挖掉的枸杞树拉到家里当柴烧，顿时感到意外，就赶紧到枸杞园里看，只见成片被挖掉的枸杞树，已经横七竖八躺在了地上，这些枸杞树看上去才栽种了四五年，正是挂果的最佳树龄。周金科拉住一位正在挖茨的老农问："这是怎么回事？乡政府知不知道？"老农摇了摇头，没有理他，继续挖茨，周金科心疼地说："大叔啊，这么好的茨挖掉多可惜呀，难道药材公司不收购了吗？"老农看着他冷淡地说："可惜什么，种多了就不值钱了，人家才不管你呢，这么好的枸杞子每斤才给5块钱，连淌水打药买肥料的本钱都不够。"周金科听了同情地说："今年你们把枸杞都卖给我吧，我给你们每斤5块5角钱怎么样？"老农打量了他一眼，反问："卖给你，这么多枸杞卖给你，你能给得起现钱吗？你以为你是周金科吗？"周金科笑了笑说："大叔，我就是周金科，麻烦你给乡亲们说说，别挖了，把枸杞子摘了晒好卖给我，我可以先付定金。"老农这才停下手里的铁锹招呼旁边的人都过来，他向大家介绍说："这个人就是大名鼎鼎的周金科，在县城开了一家枸杞加工厂，今天他要订购我们的枸杞子，每斤5块5角钱，你们愿意不愿意啊？"那几个人立刻围着周金科问："真的吗？周老板？"周金科肯定地答道："当然是真的，我今天就把定金给你们放下，等枸杞晒好后送到我的加工厂，我保证付钱。"这时，一个中年人突然蹲在地上哭了起来。周金科不解地问他："你怎么啦？"那个老农指着地头的枸杞树说："我已经把茨都挖完了，现在正后悔呢。"

过了几天，又出现了一件怪事，不知谁造谣说，周金科收枸杞是一个骗局，他不可能拿自己的钱收农民的枸杞。这时，又有人开始挖茨，周金科的好心相劝，无人理解。

周金科又一次来到黄河岸边，望着连片的枸杞园想着心事。他觉得自己命苦，每走一步都有坎，步步艰难迈过坎，又有新坎在眼前。人干一件好事，为什么总有这么多坎呐？再仔细一想，才发现这个最大的坎是自己的"心坎"。只要正视自己的本性，说干啥就干啥，莫管他人的冷嘲热讽，才活得理直气壮，心安理得。

是啊，周金科想对了，人生多坎，莫大于"心坎"。只要自己心不乱，诚实做人，认真做事，便有另一番风景。泰山拔地而起，造就了自身的雄伟。黄山吞云吐雾，造化了自身的瑰丽。长江浩浩荡荡，造化了自身的辽阔。黄河大浪东去，造化了自身的壮美。而芸芸众生，渡过百道坎，恰恰又是造化了自身的成就。莫管他人红眼，只求本心安然，方有传奇人生。也许，周金科还没修炼到这个境界，但他有一句底气十足的大实话：把闲言碎语当成耳旁风，只要自己活好每一天。

在他看来，枸杞是造福人间的一部喜剧，但又是让人备受煎熬的一支悲歌。

他安静下来，又在思考着枸杞的种植历史。在自己的记忆中，枸杞就经历了几起几落、几度沉浮的沧桑。第一次是解放前夕，那时，自己才刚刚记事，中宁枸杞在战火烤炙中差点惨遭灭绝。解放后，中宁枸杞在新政府的政策扶持下有了较大发展，可是到了1958年"大跃进"时再遭劫难，全县大部分的枸杞园再度被毁。在之后的十几年中，国家下达的枸杞统购任务完不成时，政府一些官员就逼着农民大片栽种，等到枸杞种多了卖不出去时，茨农只好再将枸杞挖掉改种粮食。他目睹过，有些生产队和农民把好端端的枸杞果当作猪饲料填进了猪肚子。由此他联想到自己的命运怎么跟枸杞所经历的曲折和惨痛有些相似。每当那些被挖回晒干用于烧窑填炕的枸杞树，在噼里啪啦的大火中，像孩子似的发出哀唤声，让他痛心疾首而又无能为力时，只能任由伤心的眼泪哗哗流淌。他有时真想站起来为枸杞的发展振臂疾呼，去找大队领导把所有的枸杞园都承包下来独立经营，要让老祖宗传下来的这个"金疙瘩"享受它真正的待遇，让天下所有的人都认知这个能延年益寿的"红宝"。

又经过一番周折后，周金科放弃了看病的良机，先给茨农付了定金，稳住大家的心。然后，周金科开始往乡政府走去。他觉得自己一个人去阻拦这件事简直就是螳臂当车，只有政府出面才能阻止这场灾难性的挖茨行动。这时，正好从政府大院出来一位戴墨镜的乡干部，前呼后拥还跟着一大帮子随从人员，周金科赶紧过去问他知不知道农民正在挖茨。那位乡干部似乎早已知道这件事，反倒用诧异的眼光瞪着他没有做任何表态。他追上去问道："领导呀，再不能这样滥挖枸杞树了，你们应该去管一管呀。"乡干部慢条斯理地回答："现在田都属于农民自己的了，该种啥由他们自己说了算，政府不便干涉，你这是多管闲事。"周金科无奈地摇了摇头，推着自行车准备回家，路上早有几个人在等他。其中一个人对他直言道："周金科，你真是多管闲事。大家都盼着分了田种粮食先把肚子填饱，而你却鼓动领导让我们种枸杞，你真是资本主义的苗子财主的心。"周金科耐心解释道："现在政策好了，田分给了自己是不错，可你们想过没有，我们中宁县是水浇地，也是枸杞主要原产地，吃的粮食根本不成问题，关键是怎么才能让有限的土地变成钱。我给大家算笔账，一斤小麦顶多卖 5 毛钱，而一斤枸杞至少也卖 5 块钱，一亩小麦亩产按 600 斤计算，也就是 300 元。而一亩枸杞种好了摘 300 斤，每斤按 5 元计算，就能卖到 1500 元，到底种啥合算，你们自己看吧。"几个人听了他的话后都干瞪着眼睛，一时无话可说。他借机又跟茨农实打实地算细账，说得大家口服心服，连连点头。回到家里，周金科捧着一老碗干拌面还琢磨着这事。他心里突然亮开了一条缝，又一次看到了农民的实诚与实惠。与农民打交道。就像这碗干拌面一样，不在于是大碗、小碗、粗瓷碗、细花碗，而在于碗里是什么面。再好的碗里只是装着稀汤面，农民就容易皱眉头。倘若是这碗又香又辣的干拌面，农民就会点点头。"至诚胜于技巧，实诚大于聪明"真是千古名言呵！他想清了这一点，把自己今后交往的人民群众排个队，把交往农民排第一位，而且是至诚相交。正是在这种思路的引导下，周金科的脑子里又浮出下一步的计划。

第八节 穿过危机有转机　把握时机三得利

很快就到了枸杞收购的季节，没想到前来交售枸杞的人要远比他想象得多。然而他目前与区外贸签订的供货合同只有二十吨，而全县的枸杞产量至少也有五十吨，他自己能为乡亲们提供的销路有限，如果这些农民枸杞卖不出去，那可怕的挖茨悲剧会再次重演。他立刻赶到了县药材公司，问经理怎么不收购枸杞。经理说："我收来卖给谁呀？"经理把他领到库房，指着里面堆积如山的枸杞叫他看，只见像山一样堆起的枸杞果已经开始腐烂发霉。他又到茨农家查看，家家都堆着几袋甚至几十袋销不出去的枸杞干果。他来到田头，看见依旧有人在挖枸杞树，他禁不住流泪了。他心痛万分地站在田头，望着惨不忍睹的枸杞园，只是默默地流泪，默默地祈祷，默默地自责。他这才彻底明白，自己的目光还很短浅，发展枸杞产业的关键问题在于枸杞的市场销路。如果没有市场，发展枸杞产业只是一句空话。望着凄凉的枸杞园，他感到自己肩上的责任重大，前头的路还很艰难。

一天下午，周金科在一个小饭馆里碰到了正在喝稀粥的县委书记张居正。他知道张书记是个廉洁清正、生活节俭、工作务实、善待百姓的好官。他在担任中宁县县长和县委书记期间，为带领中宁人民修建黄河防洪坝、搞农田基建，在发展工农商业搞活经济方面做出了重要贡献。

尤其他没有接受组织分配给他的高级轿车，仍然坐着老吉普穿梭于乡间小道，曾经感动了多少百姓。报纸还专门宣传了他的这一善举，在老百姓中产生了很大的影响。周金科像是遇到了亲兄长一样，将枸杞生产和发展的现状做了汇报，张书记鼓励他道："老周啊，你带头发展枸杞产业，还要求办公司的事情我已经知道了，只是目前私人办企业的政策还不太明确，有些市场问题还需要有一个完善过程。但是，你要相信中央的政策，也要相信县委、县政府的决心。你反映的问题，我们一定会认真研究解决的。"周金科激动得连连点头。不久，他又应邀参加了区上关于发展枸杞产业座谈会，见到了几位原县领导、后任厅级领导的吴学庭、戴万忠、魏德元等。他们都是家乡人，对周金科关于发展枸杞产业的设想和建议给予了充分肯定和支持。这让周金科有些受宠若惊。他在会上马上表态："我一定不辜负各位领导的关怀和支持，一定带头把枸杞产业做好。如果不把中宁枸杞打向大市场，我周金科死不瞑目！"

又是一年金秋时节，金黄色的原野呈现出一派丰收景象。枸杞的产量和价格也比上年翻了一番。原来凡是听了周金科奉劝，没有挖茨继续种植枸杞的一些农民，得到了高于粮食好几倍的收入。有的开始用卖枸杞的钱盖新房、娶媳妇，有的则新添置了农用车、摩托车等，他们是跟着周金科种枸杞挣得第一桶金的农民。而那些没有耐心听劝，听风就是雨的人与他们相比之下，所得收入就相差甚远。这时就有人开始服气了："还是周金科有眼光，跟着他干没有错。"

敢为人先，敢创大业的枸杞经营模范周金科，在县上召开的年终总结大会上，不但受到了表扬和奖励，县上还根据他的建议出台了一系列扶持枸杞生产、扩大枸杞经营等政策措施。在他的带动下，中宁枸杞即将迎来一个新的春天。

静下心来时，周金科仔细回顾了这些年搞枸杞经营的经验和教训，看到中宁枸杞种了挖、挖了种的恶性循环，早已令茨农们本来就脆弱的心灵伤痕累累。尽管自己跑天津，下江南，走广州，虽然也联系到不少客户，但是要解决全县一百多吨枸杞产量的销路，那也只是杯水车薪。这使他再次明白了一个道理：要搞规模性生产经营，就必须有枸杞自己的市场，要遵循自然经济规律，即市场规律和价值规律。谁违背了这些规律，谁必然要受到应有的惩罚。也就从那时候起，他开始学习和钻研有关市场经济的理论知识和摸索市场经济变化规律，并通过参加自治区工商联的专业培训和联谊活动，使自己在枸杞规模化发展经营知识和公司管理专业化水平都得到了有效提升。

　　1984年春，周金科又踏上了去天津的火车。他找到天津外贸公司的老朋友，谈了自己想做出口贸易的想法，很快得到天津外贸朋友的赞同和支持，不过朋友建议他先与天津、宁夏外贸合作，等有了经验和资金规模再独立经营也不迟。他采纳了朋友的建议，当即与天津外贸签订了100吨枸杞加工购销合同。看着天津外贸那红艳艳的合同大印，周金科激动得全身毛发都竖了起来，立即利用办公室的电话把这个好消息告诉了妻子王代英，让她马上到工商局联系，把原来的门市部注册为"三得利"枸杞经销部，并且让家人分头到枸杞的主产区舟塔、新堡等乡下做宣传和动员工作。这一年，周金科给外贸加工枸杞不仅净赚几万，茨农们也都跟着他发了财，就连周边好几百农民工都到他家里通过拣选、加工枸杞挣了钱。一时，他成了茨农心目中的财神爷，成了乡亲们发家致富的带头人，也成了县上树立的发家致富的能人和榜样。

　　戴着胸花，抱着奖杯，站在领奖台上的周金科，这时更加明白了一个道理：人在上坡受人敬，人在下坡遭人冷。他特别熟悉打麦场上扬场的情景。站在上风口的人，抡起工具扬麦子，越扬越有劲，观者也鼓劲；站在下风口的人，扬麦浑身是麦尘，还被小孩当作笑话哩！做生意也是这样，越是强者越风光，越是弱者越多霜。自古以来，锦上添花者往往多于雪中送炭者。因此，真正明智的生意人，能大则大，能强则强，能旺则旺，便会有锦上添花的好运哩！领悟到了这个生意经，周金科走下领奖台便上了自家的平台，加快提升枸杞产业的挡位。

第九节 半夜鸡叫新版本　人起早必有福报

周金科虽说也是老板，但从不奢华，连个像样的手表也不曾戴过。那时候很少有手机，看时间全凭墙上的一个挂钟。20世纪八九十年代，正是周金科创业的关键时期，生意上的事千头万绪，一个接一个，白天忙不完，夜里加班干。晚睡早起对周金科来说已是家常便饭。忙碌了一天的周金科，常常过了十二点钟才能入睡。谁知是人在梦中，还是有了别的动静，把他从睡梦中惊醒。

他一看挂钟，已经是六点多钟了，赶紧到卫生间洗了把脸，准备到厂里。洗脸时把熟睡的妻子王代英惊醒了。

王代英一看时间才三点钟，丈夫又要出发，上哪儿呢？随嘴说了句："你们周家人半夜鸡叫是代代相传啊！"

周金科认真地说："我姓周，但我不是周扒皮，这也不是半夜鸡叫，现在都六点多了。"

王代英说："你看错表了吧！现在哪里是六点多钟？鸡叫都不是这个时辰。我看你发财心切，自己不睡觉，也不让别人睡。你这阵子去厂里，谁还在那儿上班？"

周金科回过头来，仔细再看看墙上的挂钟，可不是才三点多钟，自己把长针和短针看错了，难怪王代英说自己是周扒皮学半夜鸡叫呢。于是点头说："你的记性真好，反应也太快了。怎么一开口就和课本里的东西对上号了。"

王代英双眼一闪说："高玉宝《半夜鸡叫》的故事，是我们几十年前就在课本里学到的，人家一个小学文化的人写出了一个自传体的小说，那个时候就已成名了。他是我们学习的楷模，真了不起！谁还不记得。我这也是开个玩笑。你不也当上了老板，可不能像高玉宝笔下的周扒皮那样对待农民啊！你着什么急！"

周金科笑着说："人一忙容易出错，今天不是你醒了，现在我还真的是黑灯瞎火地去了厂里，真是心急吃不了热豆腐，再忙也要细心。当然，我们一辈子也不会当周扒皮。"

周扒皮半夜鸡叫，说是一家姓周的地主，盘剥农民的故事。他也有名字，只不过剥削农民的办法太多、心太狠、手段太毒辣。大家给他起了个外号叫周扒皮。他每天半夜里学鸡叫，然后把刚入睡的长工们叫了起来，到山上下地干活。日子一长，长工们对鸡叫得这样早产出了怀疑。小长工小宝为了弄清事情的真相，在一天夜里独自躲在大车后边观察动静，不一会儿，只见东家周扒皮悄悄来到鸡窝前，伸长脖子学鸡叫，随后又用棍子捅鸡窝，直到公鸡都叫起来。小宝把他这天看到的情形给长工们学了一遍，大家听了都非常气愤。于是，有人出了主意，各自准备了棒子，在自己的屋子里藏了起来，等周扒皮到鸡窝拨弄鸡叫时，大家一起动手以抓偷鸡贼为名，把东家痛打到头钻进鸡窝，等东家亮明身份后，长工们才罢手。自此，周地主再也不敢到鸡窝搞半夜鸡叫的名堂了。

旧社会地主剥削农民的招数可谓应有尽有，半夜鸡叫就是其中的一种。其实，半夜鸡叫还有更久远的故事和典故。那是在生命危急时，半夜学鸡叫脱险的事情。这个半夜鸡叫的故事，已经成了一个成语。源自《史记·孟尝君列传》，周末战国时期的故事。齐国孟尝君田文，得知即将被捕，半夜逃亡到函谷关。按规定晨鸡报晓才开关。由于时间紧，等不得雄鸡报晓的时辰，于是他便命随从中擅长口技的人学鸡叫。果然周围的鸡都叫了起来，关门便按约定打开了。孟尝君一行顺利通关。函谷关位于河南省之西北部，是中国古战场的重要关口。这个典故历朝历代广为流传，也被地主周扒皮给活用了。因而，出现了现代版的半夜鸡叫，那就是辽宁作家高玉宝笔下的《半夜鸡叫》。

周金科和《半夜鸡叫》中的地主，都姓周，这是巧合。但周金科与那个地主老财有着本质的区别。周金科的企业为周围的农民提供了就业岗位，他的厂子为附近的农民提供了就业平台。他与自己的员工关系处得相当不错，除及时给员工发放工资外，该给员工的年节福利，他老早就筹划好了。他还定期带着自己的员工去旅游呢！这哪里是王代英说的周扒皮呢，只不过是他们夫妻关系融洽，一种亲昵的调侃罢了。

说也奇怪，连周金科自己也感到异常兴奋：自己睡眠的时长怎么越来越短？按说，他的工作量加大，饭量反而减少了，还越活越有劲，越干越精神，常常是面带微笑干活勤快。后来才明白：鸟飞天空抖翅膀，人逢喜事精神爽。他经营的枸杞有了新规模，挣钱的节奏越来越快，这使他有了精气神。但再往深里想，他又悟到：这时的心界达到了大道至简的状态。想别的事少，想枸杞的事多，紧紧盯着这一目标，跟时间赛跑，向时间要效益，就活得单纯、大气、简约、明智。当他骑上自行车披星戴月地赶往加工厂时，车轮的节拍声给他一种莫名其妙的愉悦感。

过了一段时间后，又出现了一场误会。有一次，他发现有名员工连续迟到几次，他便按照规章制度办事，进行了严肃批评，并处罚扣了三天工资。这位员工逢人便讲，周金科就是当代的周扒皮，想方设法剥削人的劳力，随意克扣工资。周金科一听就恼火，决定要开除这位员工。

后来听了一位老员工的劝导，仔细调查实情才知道，这个员工是为了照顾瘫痪的老母亲和交通不便而造成的迟到。他立即向这位员工道歉，及时解决了他的家庭困难，并调整岗位，这位员工十分感激。有一次夜里下大雨，这位员工也看错了表，提前三个小时赶到厂里上班，这给周金科了一个深刻的启发。在任何情况下，当老板都不能做周扒皮，一定要以善待人，以心待心，真正把员工当作企业的主人，才能使企业有长足的发展。

第十节 出国门取经归来　有眼界才有境界

1989 年的春天，周金科要走出国门了。

不知底细的人们都不相信这是真的，因为在近几年，中宁县的一些领导都没有出过国门，一个土生土长的小农民，竟然要随宁夏外贸到国外去考察，这在当时的小县城里是一个不小的新闻。不过这个消息很快就得到了证实。那天清晨，周金科换上了崭新的灰西服，不习惯地打上了红色领带，然后穿上一双新买的黑皮鞋在城外的枸杞园转了一圈。他看见一轮火红的太阳像一个金色圆球正冉冉升起，给天空和大地都披上了五颜六色的彩妆，肆虐了一整个冬天的西北风好像一下收敛了许多，人们顿时有一丝暖暖的感觉。旁边的枸杞树在春风吹拂下在尽情地摇曳，他仿佛听见了它们孕育新花和抽芽拔节的声音。直到前来送行的领导和亲友呼喊他时才回过头来。在人们关切的目光下，周金科坐进了专门来接他的黑色轿车。他一面向送行的人们挥手告别，一面注视着路边的枸杞园。仿佛觉得那些平时无声无息的枸杞树也在突然间变得有情有义，随风舞动着腰肢为他送行祝福："去吧，去吧，杞乡的枸杞王今天要出国了，这是杞乡杞农之福，也是我们中宁枸杞之福啊！"

　　周金科随考察团先后参观了中国香港、澳门的一些名胜古迹和旅游景点后，便到了新加坡、泰国。周金科并没有沉醉在那里的灯红酒绿中，他是个目的性很强的人，所到之处让他最关心的是商业行情，最想知道的是当地人对枸杞的了解程度。在新加坡，他结识了许多外商。其中有一位身材微胖、其貌不扬，看起来不像大老板的客商引起了他的注意。对方知道他是来自大陆有名的枸杞之乡，便跟他聊起了枸杞的事情，没想到他对枸杞的了解比一些国人还要多。这是他始料不及的事，那位外商对他说："你们中国的枸杞子真了不起，那可是我们东南亚人养生健体的宝贝，而且价格不菲。"周金科马上抓住时机，问他为什么？外商告诉他：东南亚包括大陆南方由于空气潮湿，又都喜欢喝营养汤，枸杞正好具备了营养保健和鲜红喜庆的特点，所以没有人不喜欢。周金科又询问了枸杞在当地的价格情况。谦和的外商不仅一一解答，并且还给他讲了一些生意上的奥妙。随后，周金科又考察了许多商场有关枸杞的销售情况，真是不看不知道，一看吓一跳。他掐着指头算了一笔账，如果自己直接与外商做生意，就省去了外贸公司的中间利润，净赚的钱要比加工费高出一倍以上。这使他很振奋，仿佛觉得自己在一刹那两肋下生出一对展翅欲飞的翅膀，心里憋足了准备回去大干一场的豪气。

　　逛到一家商行时，他又遇到了一位身材发福、戴着眼镜的老商人，又与他说起枸杞的事，这时进来了一群商人，围过来想听个明白，这位商人打量了他几眼后，抓起柜台上的一把枸杞问："周先生，请教一下，你能说出怎么辨别中宁枸杞吗？"精明的周金科马上意识到，这话里有话，言外有意，是想考一考他哩。他微微一笑，抱拳一提，不卑不亢，实话实说。他说："请教不敢当，晚辈只能试一下了。"他抓起枸杞，如数家珍地讲了辨认中宁枸杞的"一二三四诀窍"：一是"四看"外观。一看果形，中宁枸杞呈椭圆扁长而不圆，呈长形而不瘦；二看果脐，中宁枸杞果脐白色明显；三看颜色，中宁枸杞呈红色或紫红色；四看是否结块，中宁枸杞干果含水量在 12%～13% 之间，包装不宜结块，若是挤压成块，失压后能自动松散。二是清水试沉。中宁枸杞放清水中在短时间内不会下沉。三是品尝味道。中宁产枸杞皮薄、甘甜、口感纯正、稍有苦涩、无异味。四是辨气味。中宁枸杞若打开密封的包装就会有特殊的香味。他现场做了试验，又回答了老商人提出的其他有关枸杞的话题。这位老商人带头鼓掌。周金科施礼答谢。一路上，周金科还在思考这件事。他由此看出，跟外商打交道，一要诚意，二要谦恭，三要有学问。如果光靠口袋里有几个钱，肚子里全是草，与人家交流，人家会用半只眼睛去看你。

记得过去有一位老和尚，为了考验小聪明和大憨实这两个弟子的悟性，就让他们各提一桶水去叫卖。小聪明认为井边过路人多，喝水的人也多，便在井边卖水，一天只卖掉了半桶水。大憨实不辞辛苦地提桶去大漠卖水，只一个时辰不仅卖光了水，连水桶也被高价卖了出去。而且他卖水的价格是小聪明的十倍。这个故事启示人们：真正的聪明人是那些根据客观需求踏踏实实做事的人。从此他悟出了一个道理：最需要的才是最可贵的。还有一句行话："不在价格贵不贵，关键货物对不对。"这个故事对周金科启发很大。

他在香港一家商店看到了正在热销的中国名茶，这种茶叶在国内似乎并不稀奇，但在国外却如此热销不衰。他静立一旁仔细观察后才发现，这些茶不但包装精致新颖，选质精良，色美醇香，而且销售人员宣传到位，极适合外国人品茶的口味与保健心理。他这才深刻地感悟到：枸杞其实也应该像南方的茶叶一样，不但需要精选，也还需要精包装，同时要做大宣传。站在一边的新加坡朋友见他看得有些痴迷，知道他一定又体悟到了什么，便对他说："茶不在多而在精、在新、在专。你们的枸杞如果也能像销售茶叶这样做得精选到位、包装到位、宣传到位，一定会比茶叶销得还要好。当然，做到以上几点并不容易，因为这里面需要四个字做支撑"。周金科马上问他："哪四个字？"朋友望着他凝重的神情道："诚信是金。"是啊，诚信才是生金之道啊！仿佛一棍打醒梦中人，周金科突然把眼光盯在了那个店门口供奉着的那座义薄云天、正义凛然的关公像上，他对朋友说："我现在才终于明白，你们港澳和新加坡华人为什么都在店里供的是关公。而我们北方人则在店里供的却是财神，供财神求财心诚，说明发财心切，供关公却说明了做生意要把大义和诚信放在第一位。看来只有讲义气、重诚信，生意才能越做越强，我们一些内地人真是目光短浅呀。"随之，他又联想到近几年内地假冒伪劣产品充斥市场，坑蒙拐骗的皮包公司随处可见的情景来，禁不住黯然神伤。

　　1996 年夏天，周金科再次到新加坡、泰国和中国香港、澳门等地考察，这使他对枸杞保健养生、枸杞深加工的概念以及枸杞出口贸易有了更明确、更深层的认识。尤其将枸杞从过去单纯的药用配方或泡酒治病的朴素概念，一下子升华到保健养生上来，那是一个多么荡气回肠的观念嬗变啊！那天，他与几个老外在海滩听着音乐喝着咖啡，从明朝药圣李时珍的《本草纲目》谈到现代医学专家对枸杞抗癌保健的独特功效；从唐朝诗人刘禹锡的"上品功能甘露味，还知一勺可延龄"，谈到清朝知县黄恩锡的"六月杞园树树红，宁安药果擅寰中"，凡是关于枸杞的故事他们无所不谈。渐渐地，他的知识丰富了，视野开阔了，对枸杞药食双补的独特功效，以及枸杞深加工产生附加值的前景有了更加清晰、更加具体的设想。

这次与外商的亲密接触，是他人生辉煌的又一个新起点——他与外商签订了有生以来最大的，也是全国第一家私营企业独立出口贸易枸杞20吨的合同。

在办公室里，周金科拿着合同陷入了沉思状态。进来了几个年轻记者找他聊天。一位年轻人问他："周叔，你出国最大的感受是什么？"周金科给他递上一杯苦茶道："最大的感受就是眼界。井底之蛙，干不成什么大事。只有脱缰之马，跑到小草场之外的大草原，才跑得更快更有劲。我只跟你讲一句掏心窝子的话：要想做大中宁枸杞，要让中宁人走出去。只有人走出去，枸杞产业才能上得去。"年轻人热烈鼓掌，周金科呵呵一笑，又拿起合同道："我一定会拿到更多的合同，闹出更大的动静哩！"

第十一节 当劳模壮志未酬　再创业勇于出手

随着生意的不断扩大，周金科已经不满足于只挣些加工费的现状，而是时时都在思索着如何才能开辟一条独立与国外贸易的金光大道。当时，计划经济还占有很大市场，枸杞的经营权仍然被县药材公司垄断，他的枸杞经销部对外批发销售枸杞仍然受到来自各方面的制约，社会上有些人纷纷议论，说周金科胆敢与国家药材公司对着干，把公家的生意都抢了，迟早要倒霉。一些乡镇干部也找上门来，不是动员他给乡政府捐助，就是劝他就此罢手，别与公家对着干。但固执倔强的周金科没有后退，更没与他们讨论这些不切实际的政治问题。他要做的是把农民种枸杞和加工枸杞的积极性调动起来，扩大生产、提高枸杞加工、销售的数量和质量。他白天早出晚归领着几十个农工收购枸杞，整理晒场，招收劳力拣选和加工枸杞，晚上把加工好的枸杞包装入库，再雇车运到银川、天津等地。他投资 50 万元购置了筛选机、包装机、自动捆扎机，扩建了 2000 多平方米的厂房和 1600 多平方米的晒场。年加工销售枸杞从 20 多吨增加到 600 吨，加工能力提高了近 30 倍。

这一年，仅外贸收入一项就增加利润 40 多万元。为国家缴纳税款近 30 万元之多。他的公司被国家税务总局授予"全国守法模范纳税企业"。

改革开放后，中宁枸杞种植，已经从过去的舟塔、新堡辐射到了东华、鸣沙、余丁等乡镇，一个个茂密翠绿的枸杞园如雨后春笋般拔地而生，枸杞连片种植形成区域，枸杞价值逐年攀升。从每斤 5 元钱到 15 元左右。全县枸杞种植面积由 1985 年的 1 300 多亩发展到 1995 年的 30000 多亩，10 年新植面积 28 000 多亩。1985 年至 1993 年的 8 年里，他先后支付务工工资 500 多万元，向国家纳税近 300 万元，通过外贸创汇，他长期安排城乡就业人员累计 1 000 多人次，每年仅安排摘、拣、选枸杞的闲散劳力 200 余人。1995 年，他创办的公司被评为全国最大的 500 家私营企业，他也被授予"自治区劳动模范"称号，后来又获得全国优秀民营企业家、全国纳税模范等先进人物奖。

记得 1989 年 9 月 28 日上午，举国瞩目的全国劳动模范和先进工作者表彰大会在北京人民大会堂隆重开幕，大会表彰了来自全国 51 个系统或行业的 2800 名全国劳动模范和先进工作者。而在其中的周金科，认真地记述着当时的情景。

周金科作为劳动模范特邀参加了大会，受到江泽民、邓小平等领导同志的接见，并合影留念。他十分兴奋。他从来没有受到过这么高规格，这么多领导的接见。这里除了党和国家政要、部队将军外，还有科学家和各民主党派、人民团体的一些高层人士。充分体现了党中央和国务院对劳模的重视，这对参加会议的每一位都是极大的鼓舞，周金科更是激动万分，终生难忘当时的每一个过程和每一个细节。

9月29日上午，代表们在人民大会堂进行了经验交流。下午在人民大会堂参加了中华人民共和国40周年庆祝大会。

9月30日上午，代表们继续进行交流，晚上部分人员参加了中华人民共和国40周年国庆文艺晚会，部分人员在首都的歌剧院观看了文艺演出。

10月1日上午，代表们在中山公园、北海公园、劳动人民文化宫参加了国庆游园和庆祝活动，晚上在天安门广场参加焰火晚会。

10月1日上午至11时半，在中山公园举行游园联欢活动，这是首都人民隆重庆祝中华人民共和国成立40周年的组成部分，参加游园活动的各界约35 000人。

中山公园位于天安门西侧，面积22公顷，始建于辽金时代，1914年辟为公园。为纪念伟大的革命先行者孙中山，1928年定名为中山公园。

游园联欢划分为4个活动区（坛南区、五色土区、西树林区和后河区），全园共设5个文艺演出舞台，7个以群众自娱自乐为主的联欢圈，100多个游艺项目。还设有环保基本国策宣传区、灯谜活动区、棋牌乐，还有舰艇表演、茶座等。

南大门，520名少年儿童表演欢快的迎宾舞和鼓号乐。在这里，上午9时和10时各有1000只象征着和平、友谊、吉祥的鸽子带着清脆的哨声腾空而起。

东北门，首都工人代表擂响具有浓郁民族特色的8面大鼓，欢庆中华人民共和国40周年。

西门，各种造型的卡通人载歌载舞，欢迎游客群众的到来。

园容布置结合公园景观，装饰了 3000 多面红旗、彩旗、过街旗。1 万盆鲜花和成千上万个精心制作的彩灯、彩球、花篮、花环、拉花，烘托出隆重、热烈、欢快的节日气氛。

新设置的《邓小平》画廊，《党的十三届四中全会》《共和国四十年》《建国四十年伟大成就统计挂图》宣传橱窗，《改革奋进的北京，成就辉煌的十年》宣传牌，工业、农业、国防、科技 4 个大型艺术挂盘和悬挂的 24 条横幅标语，3 处鲜花组字，突出歌颂了老一辈无产阶级革命家的丰功伟绩，宣传了 40 年来祖国社会主义建设的辉煌成就，宣传了改革、开放给中华大地带来的巨大变化。

14 个专业文艺团体为游园群众奉献精彩的音乐、舞蹈、京剧、曲艺、杂技、木偶节目。在音乐厅，有中央乐团、中国歌剧舞剧院、少数民族艺术家联合演出团、中央歌舞团、东方歌舞团、中国轻音乐团、中国广播艺术团、内蒙古歌舞团、南京杂技团和福建杂技团的精彩表演。中国杂技团在五色土表演。中国广播艺术团和北京京剧一团在兰亭八柱演出。北京青年京剧团在后海舞台演出京剧折子戏。中国木偶剧团在金鱼池为小朋友演出木偶剧。

10 月 2 日上午，代表们到长城游览，下午参观了天安门城楼。在登天安门城楼上的那一刹那，面对着广场上飘扬的五星红旗和雄壮高大的人民英雄纪念碑，周金科感慨万千。

站在领奖台上，周金科西装革履春风满面，人们看到了他朴实厚道，为人温文尔雅的一面，其实在他内心中，正酝酿着一个更加宏伟的目标。他面对台下发出潮水般的热烈掌声，觉得自己就像是一艘巨舰才刚开始起锚航行。他要引领他的巨舰去为枸杞之乡巡航开道，不管前面是明山暗礁还是激流险滩，都要勇往直前，他要用自己的智慧去攀登他一生中所挚爱的红枸杞事业的辉煌巅峰。

从北京回来的路上，周金科心气更高了，雄心也更大了。中央领导的鼓励和期望时时都在他的脑海中闪现，在他的血液中流淌、沸腾。他要不把中宁枸杞事业做起来，就对不起领导们的信任，也对不起中宁县几十万父老乡亲。他的思路随着火车轮子的节奏声一路向西，渐渐地，会议上提出的一个新鲜名词浮现脑际：产业。对，就是产业。能不能把枸杞也作为一种产业来做，并且把它做大做强，他陷入了一个更深层次的思考。

第十二节 人生需要支撑点　成功逾越转折点

20世纪五六十年代，中宁先后有从北京、上海、浙江、陕西来的几批移民。这些移民来到中宁后有的带来了他所熟悉的小手工艺，如缝纫、修理等。没有大的工业项目，因而中宁县一直以农业为主。中宁的文化底蕴深厚，人比较聪明，一有良机就借势发展。大家都知道，中宁的建筑包工头很多。据说，进入银川的有名气的就有几十家。还有人说，银川搞建筑的大户绝大部分是中宁人，以至民间有个说法："在银川你要找中宁人，随便到一个工地就可以找到。"还有一种说法令人惊奇："银川新盖的大楼，几乎有一半是中宁人带头盖起来的。"

在这种背景下，中宁县的干部把准了中宁发展的脉搏，鼓励自强的中宁人发展民营企业。一方面带动中宁经济的发展，同时也还可以缓解就业压力。于是，以周金科和其他人为代表的各行业民营企业在改革开放最初的年间，如雨后春笋般地发展了起来。20世纪80年代末，这些民营企业已成气候，带动了中宁县域经济健康的发展，在宁夏地区已有名气。时任自治区党委黄书记，几次来到中宁县考察民营企业，实地参观了现场，了解情况，帮助解决问题。黄书记到周金科的"三得利公司"（中宁北街老加工厂）实地考察。当得知周金科的加工厂能解决200多人的就业，并且打通了对外销路后，高兴地说："你为中宁的枸杞发展做出了重要贡献，为民营企业的成长做出了榜样，还解决了这么多人的就业，真了不起啊！你还要放手大胆地干，有什么困难，我们会支持帮助解决。"并回头对陪同他的中宁县李书记说："有困难你们要多支持。"黄书记这次为周金科在黄河拐弯处办厂房，解决了十亩多地。这一次调研也为自治区在中宁县召开全区私营企业现场会做了准备。1994年夏，自治区在中宁召开了私营企业观摩现场会，向外推广了周金科办企业的经验，打消了民营企业家的疑虑。

1995年，到宁夏上任不久的自治区党委毛书记来到中宁县，兴致勃勃地来到周金科的加工厂参观了枸杞加工情况，鼓励周金科再下功夫，要通过深加工和其他办法增加枸杞的附加值，不能停留在做枸杞干果的路子上。同时，还鼓励周金科在外贸出口上迈开新步伐。

随行的另一位区领导临走时还留下一句话："老周呀，你要向名医李时珍学习，敢于尝试做大事。"当时，他只知道李时珍品尝枸杞的事，但不知详细情节。直到后来，他才听别人讲起了这件事：明代大医学家李时珍走遍了全国各地，寻找各种能治病的中草药，为民解除疾苦。有一年，李时珍骑着驴路经野猪沟，在一家小店住下后，从店掌柜那打听到一种满身长满刺的红果子，香甜可口，便请店掌柜带他去看看。于是在一个山河沿的崖头边上，看到了长成片的茨树，时逢芒种刚过，树上稀稀拉拉地结着一些红果，水灵灵的，树上还开满了紫色的五瓣小花。李时珍见状便顺手摘下来尝了几颗，入口甘甜，略带一丝清苦。于是，接连几天，李时珍往返于此，将采摘的红果子晒干，并对其进行了观察与记录。经过研究发现，这个红果子能滋补健身、延年益寿；根上的皮叫"地骨皮"，能清凉解热；叶子、果把子炒一炒，泡上热水，颜色淡红是上好茶水；后将其定名为"枸杞"。野猪沟的店家见人就说山河边出了贵重药，要是家家都种上就好了。头一年山河发洪水，把山河沿边的树也给冲下来淌到聂湾。第二年树开花结果，人们非常喜爱。又经过不知多少年代，人们想出了种的法子，用手将红果子捏到草绳上面，埋在土里，让它长出嫩条。第二年再移栽，就这样栽种枸杞的习惯从中宁开始了。经过人们的精心培育，把枸杞树修理得像一把伞，结的果实又大又红，价值千金。再后来枸杞名扬四海，成为宁夏五宝之首"红宝"。这个故事也只是中宁一位写书人搜集的民间传说，但对周金科是一个大启发。原来搞企业就像人走路一样，走一段、认准一段，然后再向前走。遇到顺路口，大步向前走；遇到岔路口，问清他人再走；走了几段，便坐下来细心思考，总结经验教训，完善方法，然后再向前走。也许，企业家的路没有尽头，但只有一个重点论，要走得扎实稳妥，必须要像李时珍尝枸杞的这种精神、胆识和智慧，才能少走弯路，走好正路，创出新路。想明白了这一点，周金科迈开步子大胆闯。这期间，尽管周金科大病初愈，但他仍顽强地坚持把自己的企业做大做强，该铺的摊子一点也没有误。他本人依旧坚持工作在枸杞加工的第一线上。他的这种精神不仅带动了本企业的员工，同时对同行业的中宁枸杞企业也是个鼓励和鞭策。由于枸杞有了销路又有了好价钱，中宁县枸杞收购、加工的企业快速地发展起来。

一年多后，他又投资450万元买了中宁街的一块地皮，盖起了1300平方米的金福楼。

1997年兼并了经营艰难的中宁县被服厂，投资280万改造2700平方米的旧厂房，带了15个工人到网点上。工人的收入高于其他企业。

后来，他又投资改造成电子城。

2001 年买了消防大队的六亩地，投资 1 200 万，盖起了 8 400 平方米的宁红宾馆。

2003 年在县委、县政府的支持下，他改造了中宁北街，42 户人家每户 260 平方米的住宅，106 平方米的营业房，尽管自己损失了 400 万，但 42 户人家祖祖辈辈受益，有的至今还没有把房款凑齐还给他。

在这一系列的运作中，周金科付出了代价不言而喻。他说过，这一段历史可以写厚厚一部的书，极具矛盾冲突和生活喜剧色彩。但他没有讲出更多的故事，他只是说，李时珍尝枸杞，我是卖枸杞，年代不同，其苦相同，结局相似。这使我明白了一个道理：吃尽苦头有甜头，敢作敢为有奔头。

第十三节 区党报鼎力相助　为民营发展开路

1994 年 11 月 4 日《宁夏日报》头版头条登了记者陈红缨的报道：中宁县宁安乡城关村农民周金科每年收购 80 万公斤枸杞，经过筛选、熏蒸、消毒、包装后打入国际市场，成为全区著名的枸杞加工销售大王。今年，他被评为全国优秀民营业家，成为宁夏唯一获此殊荣的私营企业主。

素有"枸杞之乡"之称的中宁，曾一度出现了种茨难。当时，国营收购部门又不主动出击找市场，中宁枸杞一时间市场价降到了每斤2元钱都无处可销。茨农的种植积极性受到严重打击，全县一下子挖掉了1000多亩枸杞。看到这享誉海内外的宁夏"红宝"倒入猪圈喂猪、上到地里肥田，周金科再也坐不住了。周金科对枸杞有着特殊的感情，由于受"左"的影响，他高中毕业后没能考大学，便经常到县药材公司打临工，组织收购加工枸杞。后来他回到生产队当了队长。1980年他因参与贩运一批枸杞，被判刑一年。刚从监牢放出来，法院就给他平了反。然坐牢并没有吓倒他，为了给中宁枸杞找到销路，1985年下半年，周金科不顾家人和亲朋好友的反对，毅然办起了中宁县第一家私营枸杞加工经销部。他跑北京，走上海，上天津，下广州，四处找门路，拉关系，托人情，终于与天津外贸、宁夏外贸签订供货协议，当年就出口枸杞15万公斤，从而为滞销的宁夏"红宝"找到销路。为了在国际市场站稳脚跟，周金科严把枸杞收购加工质量关，从筛选、熏蒸、消毒到包装，每一道工序都设专人检查验收。如今，周金科创出"吉利"牌枸杞已成为国际市场上的王牌产品，"吉利"牌枸杞比其他牌子的枸杞每公斤价格高出2美元。周金科的名字也逐渐被国外枸杞客商知晓。1991年他被客户邀请到中国香港、中国澳门、泰国、新加坡等地区考察游览。

由于周金科的收购价比市场价高出5%，加之服务态度好，很多外县的茨农纷纷慕名而至。1991年以来，周金科每年收购加工枸杞50多万公斤，其中有40多万公斤出口到中国香港、中国台湾、日本、美国等10多个国家和地区，每年为国家出口创汇150多万美元。1990年周金科因积极主动纳税，被评为全国纳税模范，近5年周金科上缴税金达150多万元。

在周金科的带动下，如今全县已有200多人从事枸杞收购、加工、贩运。全国各地的大、小枸杞贩子每年蜂拥而至，中宁县每年枸杞流通量大大高于自身20万公斤的产量，达到100多万公斤，成为全国枸杞集散地。流通领域的兴旺反过来促进了枸杞种植业的发展，目前中宁县种植面积已由 2000 多亩发展到 4000 多亩。

1994 年 11 月 11 日《宁夏日报》开辟的新闻头条竞赛栏目中，又刊登了记者陈红缨、黑玉红写的报道：在市场经济大潮的推动下，中宁县涌现出一批私营经营大户。他们打破了以往小打小闹、离土不离乡的传统经营格局，形成高起点、大规模、跨地区、跨行业的经营态势，成为带动中宁县经济发展的龙头。目前，全县私营企业已发展到 180 家，个体私营经济税收占全县财政收入的三分之一。

中宁县工业基础薄弱，国有、集体经济发展水平较低。1992 年以来，县委、县政府把大力发展私营经济作为振兴全县经济的突破口。县委、县政府要求乡（镇）、村的主要负责同志亲自抓私营经济，并结合本县实际，相继出台了有利于私营经济发展的有关规定和政策。对私营经济的发展实行"五不限"。同时积极鼓励个体工商户、私营企业租赁、兼并、购买小型国有、集体企业，或与国有、集体企业联营、参股、入股。去年全县有 3 家长期亏损的乡、村集体企业改组为私营企业，新建以私营为主的股份合作制企业 6 家。县上各部门积极为私营经济搞好协调、服务，组织人事部门在推荐干部招聘员工等方面积极配合，目前共有 40 多名停薪留职或离退休干部领办、帮办私营企业；金融、税务部门在信贷资金、印鉴收票等方面提供方便，仅 1993 年私营企业贷款就占到了全县乡镇企业贷款总额的 90%；农业各部门积极为种植养殖大户和私营企业提供产前，产中，产后的配套服务。在发展方向上，积极引导私营企业向高起点、大规模、科技型、外向型发展。私营企业的经营范围不断扩大，并形成了一定规模，全县投资 50 万元以上的私营企业已达 44 家。1992 年农民范海龙投资 2000 多万元，建成一条年产 8.8 万吨的水泥生产线，成为全区建材行业最大的私营企业；鸣沙镇农民秦毅创办了中宁县第一个跨地区、跨行业经营的私营企业；周金科创办中宁枸杞加工经销总公司，年加工出口枸杞 60 万公斤，成为全区著名的枸杞加工销售大王。为了充分发挥典型引路的作用，去年县上树立 10 名先进私营企业主和纳税大户做典型，命名范海龙、秦毅、周金科为"中宁农民企业家"。在县委、县政府的大力扶持下，中宁县私营经济突飞猛进，今年 1 至 10 月全县私营经济实现产值 1.26 亿元，比去年同期增长 61%，上缴税金 532 万元，比去年同期增长 40.7%。

1994 年 11 月 17 日，《宁夏日报》头版头条再次刊登了记者陈红缨撰写的《全区私营经济现场会在中宁召开》的消息：自治区党委、政府第一次专题研究加快我区农村私营经济发展的现场会于 11 月 15 日至 16 日在中宁县召开。中宁县私人企业经营大户周金科、秦毅、范海龙等穿戴一新高兴地登上主席台，向与会者介绍了他们发展私营经济的创业体会和成功经验，使大家深受启发。

自治区领导黄璜、马锡广、张立志、周生贤等以及全区各地市县的领导和自治区有关部门的负责同志参加了会议。黄璜、张立志、周生贤作了重要讲话，自治区有关部门负责同志发了言。

这次会议虽然只开了两天，但开得紧凑，不是坐而论道而是求真务实。会议期间，大家冒雨现场观摩了中宁县的 10 个私营企业典型，并听取了中宁县委、县政府大力发展私营经济的经验介绍，一致认为中宁县对发展私营经济在政策上大开绿灯，地位上大造舆论，资金上大力支持，服务上大做文章，使私营经济的发展势头猛、步子快、行业广、规模大、效益好、贡献多。大家普遍认识到，在宁夏这个生产力比较落后的地区，私营经济以它特有的灵活性和适应性，比其他所有制经济更有发展潜力，对启动经济发展有着更为明显的作用，因而应该把大力发展私营经济作为加快我区经济发展的突破口，大家表示要借这次会议的东风，从本地实际出发，为私营经济的发展铺路架桥，促其形成强劲的发展势头。

自治区党委书记黄璜在会上做了重要讲话，在谈到经济工作新思路时，他说，一要抓好大中型企业，重点培养出 10 个年产值上 10 亿元的企业，使宁夏经济上一个大台阶。二要狠抓基础设施建设。三要继续抓好农业。在谈到发展私营经济时，黄璜说，宁夏是个民族地区，地处西北内陆，经济文化比较落后，大力发展私营经济有利于一方繁荣，有利于民族团结，要提高思想认识，要继续反"左"。随着市场经济的发展，个体私营经济必然有个大发展，领导同志要认清形势，不能讲讲就完，要抓紧规划。要把各方面的积极分子发动起来，把能人组织起来。要加强领导，要支持这项事业，不能等，要边干边完善边发展，鼓励他们大胆地干、大胆地闯。对个体私营经济要放水养鱼、先予后取，要放宽政策。

　　也许，这一段文字太过于冗长和繁琐，但这在当时深刻的社会背景下对推动地方经济的发展起到了巨大作用。不仅为广大群众在私营经济发展的认识上拨开迷雾，更使周金科这样的民营企业家受到了极大的鼓舞。

　　这是周金科一生中最难忘的一段岁月，也是他最亢奋、最开心、最有想法的红火日子。夏，他戴着草帽，骑着自行车，到枸杞园里遛一圈，再到自己的加工厂里干会杂活。晚间，回到家里的第一件事是读报纸，而且最爱读的是《宁夏日报》。正是这几张报纸，几乎成了他的心爱之物，天天读，夜夜想，只觉得浑身添力量，晚睡前，他又戴上眼镜，喝了一杯热茶，便又读报。贤妻端上了他最爱吃的红烧肉和黄河鲤鱼，想好好犒劳他一顿，便笑着说："先把报纸放下，快起来吃饭。"他是个通情达理的好男人，知妻心意，抓紧吃饭。饭后，又接着读报。明天就是中秋节了，应该为儿女们准备点礼物吧。但这时他没了心思，只是读报想事。他在中学读书时，脑子里装满了关于"资本主义"与"社会主义"这类名词。他当时幼稚地认为，有钱人就是资本主义，穷苦人就是社会主义。现在恍然大悟，贫穷不是社会主义，共同致富才是我们共产党的宏伟目标。现在倡导搞私营企业，就是千里马解开了缰绳，给鸟儿打开了笼子，让有本事的人大胆致富，带头致富，助人致富。他由此得出了一个结论：我周金科不违法，求共富，坐牢的日子一去不返了！

他掀掉了披衣，摘掉了眼镜，在屋里踱步思考，他满脑子的思路、设想、计划和办法，就像泉水般涌出。他有个习惯，平日里爱打算盘，爱算账。这时，情不自禁地又打起了算盘，计算着资金的投放、成本的控制、产品的销售、该得的利润、员工的奖金、对社会的善助……子夜，他躺在床上，还拿着报纸，盘算着经营枸杞的事。入睡后，他还做了一个梦：只见杞乡的这块宝地上，刮起了一阵强风。呵，这是金色的旋风，这是吉祥的旋风，这是送福的旋风。仿佛有一双巨手，站在空中，呵呵一笑，双手一扬，助推着这旋风，更加强烈和猛烈。霎时间，旋风中送来了密雨，向四处飞洒。他向前冲去，这人民币落在他身上，似像晶莹的雪花，又像是苦尽香来的红梅，把他紧紧包裹着，推动着他在空中飞行……

后来，他常琢磨这旋风的深意，终于有一天，悟性大开：这旋风就是好政策！

记得在一次枸杞产业座谈会上，周金科十分动情地对大家讲道："我在中宁生在中宁长，闯闯荡荡了半辈子，现在总算明白了我们这里最需要的是什么？我们需要资金，我们需要人才，我们需要土地，我们需要厂房，但这都不是我们第一位的需要。我们最大的需要是好政策。有了好政策，其他事都好办，没有好政策，一切都难办。我恳求各位领导，我也恳求各位专家，给我们好政策吧。让这好政策就像黄河水一样，浇灌着枸杞园好好开花结果吧！"正是他的这次讲话，感动了在座的所有人。县委领导当场表态：再给他放宽政策，批地贷款减税收，让他甩开膀子大干。有位领导还风趣地说："周金科，你放心，假如你为发展枸杞的事坐牢，我跟你一块坐。"在场的人开心大笑，周金科却是两眼泪花！

老子讲过，圣贤人有三大宝：仁和慈爱，节俭朴素，谦恭谨慎。此时的周金科并非圣贤，只是一个枸杞人，但也新添三宝：饭前勤劳，饭后读报，夜静思考。

第十四节 做枸杞盛名远扬　被誉为枸杞大王

在杞乡中宁，人们忘不了"枸杞大王"周金科这个响当当人物。几十年，他在中宁枸杞的风口浪尖搏击商海、浪里扬帆，成为了一个名副其实领军枸杞产业的商人，从中年拼搏到暮年，年近古稀，壮心不已。很多的学者专家、志士同仁，称他是中华杞乡的"枸杞大王"。

说起周金科这个"枸杞大王"，大家已经公认。在中宁县只要有人提起"枸杞大王"的称呼，大家都知道说的是谁，不会有第二个人去抢这把交椅。这并不因为是周金科的枸杞产业在中宁做得最大，而是周金科对中宁枸杞的热爱和贡献，在枸杞产业发展中勇开先河的历史地位，决定了他这个盛名。

但"枸杞大王"这个名字最先是由谁叫起的？又如何传播的？却有许多版本。有人说是自治区领导，有人说是外商，有人说是中宁县的领导，如此多的版本自然有它的理由。其实考究最先喊出来的却不是前面说的那三类人，而是 20 世纪 80 年代在区外贸局工作的丁成主任。

说起丁成，宁夏许多上了年纪的老同志都知道，他曾经是宁夏回族自治区外事办公室（以下简称外办）主任，一位很优秀的回族干部，今年已经八十多岁了，仍然健在。他在外办为宁夏的经贸产业发挥了主要作用。特别是在推广宁夏特色产品，维护宁夏特色产品的声誉方面，尽心竭力，功不可没。

这位德高望重的干部长期在宁夏工作，他所在的岗位是宁夏对外交流的一个平台，对宁夏特色产品在国际市场的潜力了如指掌。因此，他积极倡导发展宁夏的枸杞产业。20世纪80年代初，当时宁夏的枸杞市场处于低迷状态，他在自治区常委扩大会议上提出，外地的枸杞比宁夏枸杞的种植面积还要大，要引起高度重视。发展宁夏的枸杞产业，必须使宁夏的枸杞规模化和优质化，才能实现现代产业化，要拓展宁夏枸杞的种植面积，大力开发宁夏枸杞新产品。当时自治区政府政究室一位领导干部对其意见进行反驳："现在枸杞的成本还弄不回来，还要发展，这种赔本的生意不能做。"出于当时枸杞市场的低谷、宁夏的经济状况和外部环境，一些自治区领导没有接受他大力发展枸杞产业的建议。但丁成同志仍不放弃，他走到哪里就把宁夏的枸杞，以及"五宝"宣传到哪里。

其中有一个"新疆的枸杞是宁夏的种子"的故事。有一年全国的外办主任会议在新疆乌鲁木齐召开，唐家璇同志出席了这次会议。会议既有各省区及有关单位对外办工作的介绍，也有实地参观考察及项目推介。在新疆除了参观新疆的一些特色项目外，还参观了新疆博尔塔拉蒙古自治州精河县的枸杞。新疆天宽地阔，出于地理自然条件的缘故，不仅人高马大，而且树木及其他农作物产品的果实叶硕大、精美，十分喜人，枸杞子也是一样。精河县位于新疆西北部，天山支脉婆罗科努山北麓，准噶尔盆地西南边缘，属新疆维吾尔自治区博尔塔拉蒙古自治州，位于新疆维吾尔自治区西北部，历史上曾经是中西交通要枢。精河县枸杞有着几十年的种植枸杞历史。南宋时期诗人陆游曾用"雪霁茅堂种馨清，晨斋枸杞一杯羹"赞美枸杞。尤其是对农作物栽培有悠久历史的新疆人早有耳闻，绝不会放弃对枸杞栽植的尝试。

精河县近年来在原种基础上培育出的高产优质枸杞,因其粒大饱满、皮薄肉厚、红润鲜甜、营养丰富,药用价值高而被全国各地认为枸杞的正宗之一,销往国内各大药材市场,甚至连韩国、日本、美国、中国香港、中国台湾等地区的客商,也预先在广州与精河枸杞市场保持联系下单订货。

据载,目前该县至少有五个乡镇有枸杞种植基地,面积达 10.73 万亩,仅托里乡就栽种枸杞达 7 万余亩。

当时,参会代表随着工作人员的引导沿着沙漠丘陵地带参观了精河县的枸杞产区,那鲜艳硕大的枸杞,得到参会人员的赞许,回到会场,当地一位负责产品介绍的同志毫不谦逊地向大家介绍:"新疆的枸杞是全国最好的。"他的话音刚落,丁成同志不紧不慢地也以枸杞为话题首先说中国最好的枸杞在宁夏。宁夏的枸杞有其生长的特定自然地理环境,不仅含糖量高,而且其具有药食元素,其他地方是无法相比的。此言后,他用一句经典的话结束了他的发言:"新疆的枸杞是宁夏的种子。"随之会场上报以热烈的掌声。那位自诩新疆枸杞是中国最好的领导同志面面相觑,显得十分尴尬。因此,丁成便成了宁夏枸杞的代言人之一。

给周金科命名为枸杞大王,又是丁成的另一个故事。那时候赶上对外开放,到宁夏来参观的外省人和外国人也相对多了起来,有些是专程到宁夏来的,有些是路过宁夏看一些固原的景点。那时候,从银川到固原去的国外考察团和政府人员,都要安排到中宁停留,即使访问者时间上并不宽裕,也要到中宁购买宁夏特产地的枸杞。对此,丁成总是把这些客人尽量安排到时任自治区政协常委、区工商联副会长周金科创办的公司参观。有时,自治区领导陪同国外政要也到周金科家。周金科毫不吝啬,摆上中宁的苹果、大枣、西瓜之类的特色水果招待客人。大家对中宁枸杞产品的认识及宁夏风土人情的了解,又进入了更深的一个层次。日本奈良有一个女博士安田顺惠,曾经带领着一个考察团来过宁夏、甘肃等地，想要了解玄奘西游时北线的情况。她经过中宁时拜访过周金科，深入交流后，也对周金科有比较深刻的印象，两人愉快的合了影。还有一次是欧洲国家的一个参观团来宁夏时，区上领导同志陪同。就在这次活动中，大家随李俊杰同志到周金科家里，丁成同志向欧洲参观团的同志介绍周金科同志时说："这是宁夏中宁的枸杞大王"。从此，周金科成为枸杞大王的名声，在宁夏就渐渐传开了。

在一次寿宴上，远亲近朋来给周金科祝寿敬酒。有位长者捋着银白色的长胡子道："金科呀，你现在成了枸杞大王了，这给我们周家争了气。好样的，我们大家一起敬你。"厚道朴实的周金科一时高兴，连饮数杯，有点醉意被人搀扶入睡。第二天一早醒来，大吃一惊，竟耽误了国外商人购买枸杞的大事，悔恨不已。他暗暗责备自己，再也不能提枸杞大王这事了，这会让他脑子发热，容易贪酒。他想起父亲生前的教诲："儿呀，你将来不管做多大官，挣多少钱，都不能骄傲，更不敢称王称霸，那可是抬得高了跌得响。"此后，谁当面一提枸杞大王这称呼，他连连摆手，转身便走。几天后，一位老县长在中宁十字街口见到了他，劝他说："金科呀，听说你得了枸杞大王这个封号后，贪酒误事，你再也不敢要这个称呼了？"周金科微微一笑，连连点头。老县长呵呵一笑说："你做对一半，又错了一半。"看着周金科困惑不已。老县长接着说："不骄傲这是对的。不敢担当又是错的。这个称号不仅是给你的，更是对中宁人的信任与鼓励。有了你这个枸杞大王，咱中宁人就有了大搞枸杞产业的带头人了。"他从中看清了一件事：对任何荣誉和奖励，都要辩证看待。就像月亮一样，该升则升，该落则落，一切随其自然。月牙时，就要往上升；月圆时，就往下落。这就是顺其自然。只有这样才是一个真实的、光明的美月亮。

第十五节 上书县长谋大局 杞乡初成万亩园

晚上，当人们都进入了梦乡，周金科却独自在院子里散步思考。他仰望着万籁俱寂的朗朗星空，思路又回到了枸杞产业的发展上。从近年来与东南亚外商做生意的经历中，他看到了中宁枸杞的未来价值，它是宁夏"五宝"中的第一红宝，也是植物王国中名副其实的天然健身养生宝，随着全世界保健养生水平的提高和对枸杞价值的宣传与认可，中宁枸杞必将会越来越显示出它的正宗原生地位和王牌价值地位。但是要真正树立起这个品牌还需要付出很大努力，因为外商的眼光很挑剔，他们对枸杞品质、农药残留等卫生标准的要求非常严格。倘若不在生产、加工、检验、包装、广告宣传等质量管理上下一番苦功，将会在出口乃至国际市场上，都会带来不良的负面影响。

如何从根本上解决这个问题呢？此时，他面对如此巨大的产业化变革，大脑竟然一片空白。一股冷风吹来，还夹杂着几颗雨点，他抬头望去，刚才还星光闪烁的天空不知啥时候早已被乌云覆盖，雨点越来越密，不一会身上就湿透了。他感到有些寒冷，只好回到屋里准备睡觉。然而刚刚被风雨吹淋过的他，此时却没有一丝睡意。他忘不掉也放不下枸杞这个令他魂牵梦萦了几十年的东西。他不会抽烟，也不贪酒，便泡了一杯龙井茶喝了起来。不知什么时候，妻子一觉醒来，还见他在灯下独思，就过来劝道："老周呀，都过半夜了，你还思谋啥呢？"周金科有个习惯，在深思中不愿被别人打扰。就像一个人正做着一场美梦突然被人吵醒一样，他没好气地吼道："你叨叨啥？快睡你的觉去吧，别烦我。"妻子知道他的倔犟脾气又上来了，只好给他披件衣服，添满杯子里的水又回屋睡去了。此时，周金科的大脑如千鹰翱翔、万马奔腾。几个不知趣的蚊子，哼哼唧唧在他脸上、胳膊上叮咬吸血，他都没有丝毫察觉。随着时间的推移，他的思路逐渐清晰。几个甚至十几个方案都纳入他那睿智的脑海之中了。最后，他把这些方案又进行了归纳，形成了三个具有整体性、战略性和易于操作的具体方案。他在稿纸上这样写道，方案一：以舟塔乡、宁安乡为中心建设一个标准化的绿色万亩枸杞园，从品种优化培育、剪枝施肥、绿色农药到晾晒加工采取全县统一规格、统一标准管理，最终产品质量指标达到国际标准。方案二：筹建以中宁枸杞为核心的全国枸杞交易市场，打击外地枸杞冒充中宁枸杞行为，保护和凸显中宁枸杞品牌价值，并以此拉动全国各地的枸杞规范经营，有序地向国内外市场渗透与扩张。方案三：由政府组织销售团队和广告策划，在全国各大城市进行策划销售，提高中宁枸杞的知名度。以上三个方案必须列入中宁县的枸杞产业发展规划，需要县委、县政府在人力、物力和资金方面给予大力支持，否则，再好的方案也难以实施。

翌日，他拿着方案去找县长，详细汇报了自己的想法。这位颇有远见的县长赞叹道："老周呀，你这个方案很好，也很具体。这是推动中宁枸杞和全国枸杞产业再上新台阶的大手笔呀。称你为中国枸杞大王，名副其实啊，你为枸杞产业又立大功了，百年后，中宁县的父老乡亲一定会记住你的功劳。你不仅是第一个打开国门把枸杞销售到国外，还帮助了全县人民发展枸杞产业，我相信枸杞之乡一定会留下你精彩的一笔。"听了县长的评价，周金科脸带笑容，他没想到，他一个私有企业家的建议，竟能很快得到县长如此高度的重视和评价。在离开办公室时，县长看了看周金科穿的老布鞋和手里提着的一个旧塑料袋，从内心里更加敬佩周金科。周金科不但有谋略有远见，生意上稳扎稳打却又不张扬，始终保持着老祖先勤俭持家、艰苦创业的良好美德。县长紧握着周金科的手鼓励道："老周啊，谢谢你，好好干，政府会全力支持你。"

周金科的"官助民营、上下联动、三位一体"枸杞绿色产业发展远景规划方案，在县委、县政府的重视和支持下，开始逐步得到落实。以枸杞原产地为中心的绿色万亩枸杞观光园很快建成，尽管它的整体策划、规划设计与文化包装还未达到理想的境界，但它是目前枸杞王国中最正宗和最具枸杞品牌影响力的田园风景线，引起了人们的热情关注，开始有了观光的人群，报纸电台也相继宣传，万亩枸杞园已蔚然壮观，名传四方。

这是一个烈日炎炎的夏天，在院子里晾晒枸杞的周金科回到屋里熬茶喝。一拿茶罐，是空的。便转身拉开抽屉，取上钱便上街买茶。茶店的老板对他十分热情，忙着选茶。这时，又进来一位买茶人，一见周金科买了半斤很便宜的花茶，不由嘲笑道："嗨呀，你这枸杞大王也太窝囊了。看看你，上书县长，四处奔波，帮助县上建起了万亩枸杞园。谁都知道，你是立了头功啊！可现在呢，当官的接受记者采访，得利的还摆庆功宴，谁为你歌功颂德？谁为你送酒送茶？又有谁为你打抱不平？就连喝茶还要自己买，买的还是下三流的花茶。你看看我这小商贩，都买龙井茶哩。看清楚了没有，字不值钱钱值钱。就算你给县长写的信一字千金，顶啥作用。有这闲工夫，你还不如多做几笔生意。"周金科仔细一听，这人说的是酒话，没加理睬，转身便走。回到家里，坐在沙发上仔细思量，又觉得这醉鬼说得有几分道理。为了上书县长，他的确熬了几天几夜，耽误了几笔生意。在宣传万亩枸杞园时，真没有提到过他的一个字。这真是咸吃萝卜淡操心，以后再不管这事了。但又一眼看到墙上的奖状，又觉得不对劲，作为劳模，应该多关心大家的事。左思右想，非常困惑，竟然忘了熬茶，只是坐着发呆。

周金科是个农民，而且是生长在小县城，养活全家还要监管自己的小产业，难免有很多想法，这正是小农经济的局限性。他有过成功，也有过败笔；有过理想，也有过迷茫；有过大公无私的壮举，也有过自我局限的现实。他的脑子里一片空白，索性上床睡觉。

院外下雨了，一棵有点枯叶的老柳树，在风雨的吹打下发出嗦嗦的摇摆声。

第十六节 用恒心叩开海关　下功夫渡过"九关"

"你醒了，该吃饭了。"妻子的声音惊醒了周金科，他醒来一看，日上中天了，他赶紧穿上布鞋，戴上草帽，又到枸杞园去，看见了那一串串的红枸杞，他心里一阵发热，回到家里，又进入冷静思考，又一次看到了奖状，想到了当年在北京领奖的事，心情安定了下来，又给外商打电话，洽谈生意。

有一年秋天，到了外商办后，一位外商朋友与周金科交流后，受到很多启示。对他说："老周啊，国内的市场虽然很乱，但毕竟推行了改革开放政策，中国总算有了市场经济，有了市场也就有了希望，尽管目前还处于初级阶段，出现一些不好的事情也算正常，我相信，再过几年会越来越好起来的。你是枸杞之乡土生土长的人，不仅懂枸杞行道，也是个厚道人，现在做枸杞销售正是时候，如果你有兴趣，咱们合作一次你看行吗？"周金科激动地紧紧握住对方的手说："好，只要你信得过我，我们合作一把。我周金科绝不会令你失望。"在回来的路上，他仍在深思。他发现，一些内地做生意的人，正是忽略了这些最专业的商业素质和最基本的道德素质，一味地去讲究排场，追求奢华，摆出一种唯我独尊的帝王架势，结果让如此宝贵且独具保健价值的红枸杞成为了寻常之物，真是莫大的悲哀呀。他决定回国之后的第一件事情，就是马上向工商局咨询有关申请独立经营进、出口权的事宜。

1996 年夏天，他带着几分犹疑走进了海关总署的大门，将自己充分准备好的资料和照片递交上去，他怀着忐忑不安的心情等待着，那是一个多么令人激动、令人祈盼而又令人不安的漫长等待啊！

1998 年 5 月，正是杞花烂漫、红果飘香的季节，也是周金科永远难忘、使他人生步入辉煌的关键时刻。22 日下午，正当周金科一身汗一身泥地从乡下的枸杞园回来的时候，县工商局的领导给他送来了国家工商行政管理局和海关总署关于批准他独立从事进出口贸易的批复，全家人高兴极了，他朝思暮想、独博商海的梦想终于变为现实。同年，他又注册成立了宁夏红枸杞补益品商贸有限公司，自己担任总公司董事长。这时，他才拥有了真正属于自己的进出口贸易权。在短短的 3 年时间里，共计完成出口贸易额 6000 多万元。枸杞产品远销中国香港、新加坡等地。

在这 3 年时间内，他不但保质保量地完成了已经签订的贸易合同，还更新加工设备和质量检测设备，高薪聘用技术人才，实现了枸杞加工厂由过去的粗放型加工管理向标准化、规范化和专业化管理的飞跃。为了使全县枸杞产业也走向标准国际化之路，从源头上树立一个全新绿色枸杞原产地形象，他还多次向中宁县政府提出了有关枸杞产业发展，建设国际标准化万亩枸杞园的宏伟蓝图。仅此一项，共为国家创汇 5000

多万美元，为县财政缴纳税金 2400 多万元。

在这过程中，最主要的问题是确保枸杞质量。为此，周金科下功夫渡过"九关"：知识关、识别关、收果关、晒果关、加工关、包装关、储藏关、检测关、价位关。

一过知识关。既要掌握枸杞的各种知识，还要搞明白出口方面的知识。使枸杞知识与外贸知识融为一体，才能真正打开枸杞走向国际市场的通道。周金科是个善于学习与勇于请教别人的人，不会就学、不懂就问，有时听到一些新鲜知识，便用笔记本如实记录，天长日久、耳濡目染，就成为枸杞知识"一身通"。

二过识别关。要识别各种中宁枸杞。一看果形，中宁枸杞呈椭圆扁长而不圆，呈长形而不瘦；二看果脐，中宁枸杞果脐白色明显；三看颜色，中宁枸杞呈暗红色或紫红色；四看是否结块，中宁枸杞干果含水量在 12%～13%，包装不宜结块，若是挤压成块，失压后能自动松散。最后还可以从放入清水中上浮率很高；皮薄肉厚，口感纯正、甘甜、微苦涩；若打开密封的包装有特殊的香味等方面鉴别。

中宁县内首数舟塔乡面积大，枸杞质量好，自古就有"中宁枸杞出西乡"之说。这西乡主要指舟塔乡一带。对于各乡的枸杞识别，周金科下了一番功夫，能在最短的时间内识别枸杞产地，种类和级别。

三过收果关。这是把好枸杞质量的关键。中宁枸杞根据 GB/T 18672—2002 枸杞分级标准，按照果实大小、色泽、破粒等外观条件，分为四级：一是特优干果。多糖质，果实椭圆形成长卵形，果皮鲜红（紫红）色油润，味甜。每 50 克干果在 370 粒以内，大小均匀，无干籽、油粒、破粒、杂质、虫蛀、霉变。二是特级干果。多糖质，果实椭圆形或长卵形，果皮鲜红（紫红）、红色、油润，味甜。每 50 克干果在 370 粒以内，大小均匀，无干籽、油粒、破粒、杂质、虫蛀、霉变。三是甲级干果。多糖质，果实椭圆形或长卵形，果皮鲜红（紫红）、红色、油润，味甜。每 50 克干果在 580 粒以内，无干籽、霉粒、破粒、杂质及虫蛀。四是乙级干果：糖质少，每 50 克干果在 900 粒以内，其他条件同上。

但随着种植技术、品种改良，肥料质量等变化，中宁枸杞又有了新的特质。周金科深深地理解了这一点，按照行情严把收果关。火热的夏天，在一个大院子，前来卖果的杞农排成了长队。周金科戴着草帽，穿着短袖褂，亲自验果收果。有些人拿着外地枸杞掺在中宁枸杞里想蒙混过关，被周金科一眼识破，擦了一下脸上的汗珠大声道："这果子不合格！"言罢，又一笑道："对不起，我有点性急。以后别干这糊弄人的事了。"此后，很少有人再来卖冒牌货。

四过晒果关。枸杞干果仿佛像一个高贵而又惜命的红颜公主，身价高贵而又不愿多受伤害。它在晾晒过程中，喜欢温暖热烈的阳光，但不喜欢连续过度暴晒；它喜欢风，但不喜欢在暴风雨中被淋坏；它喜欢和畅的空气，但不愿意受冷气；它喜欢干净宽敞的晾席，但必须以杞果互不重叠挤压为度。一般情况下，前两天以强光热晒，中午移至阴凉几个小时。第三天后，可整天晾晒，直至干透，其间，注意防止长期暴晒而伤颜，防风打雨淋，防乱翻而伤果。它躺在果垡子里，要舒服、暖和、自然、尊贵。周金科摸准了它的脾气，在选择地方、把握时间、观察风向和注意温度等各个环中精细到位。时间久了，他练出了观察天气的好眼力。只要往大院子里一站，眯着眼儿看一下天空，就能感觉到自然的气温与风向。

五过加工关。多年前，加工枸杞干果，远不及现在有良好的设备和电脑化操作。当时的机械化水平低，主要靠人工的传统操作，选来的工人，都要有熟练的技术。那些拣果的女工，端坐在案头，面对一堆良莠不齐的干果，脑要灵、眼要明、手要快、心要细，就像侦察兵一样，很快发现残果或不合等级的低等果，立刻拣出。有一位女工，练成了双手拣果，那一双看起来并不十分细腻的手，却像两个优美灵巧的鸡头，顺势而下，入堆而拣，既快又准地"叨"出了残果。一会儿的工夫，那一堆参差不齐的干果便变成了比较整齐的好果子。这时，周金科会在一旁细心观察，呵呵一笑，给"双手拣果者"给予温暖的鼓励。烘干时，应掌握温度，一般分为3个阶段进行：一是日光温室烘干。简易日光温室用钢管、竹竿、竹片作为棚架材料；用轴流式风机和烘干室门为排风排湿口；用高保温、长寿无滴膜作棚膜。弓形日光温室具有建造简易，拆装方便，经济实惠，制干时间短，劳动强度小，雨季无损失，符合卫生条件，制出成品色泽鲜红，商品出成率高等特点。每平方米成本25～30元。二是家庭式烘干，有两种建设方式。一种是在闲置房屋内设火炉、导热管、烟囱及排湿电扇即可，这类制干房缺点是湿度上下不均匀。三是采用大型烘干环道制干，制干质量较高。在加工的各个环节中，周金科也是一丝不苟，严格把关，确保加工产品的精准保质。

六过包装关。包装是一门展示枸杞外形和内质的主要手段。凸显外形，美观大方，丰富简约，具有个性特点和视觉冲击波，让人在最短的时间内对这一产品所表达亲切真诚产生好感。再看内质，干净清爽、包装正宗，具有货真价实又不短斤少两的第一印象，使消费者能享受到其中的物质价值和精神魅力。曾几何时，周金科对国内的一些枸杞包装产生了质疑。他认为，有些包装奢侈，太豪华，甚至包装费超过了枸杞实物。这实在是与中国的传统文化与民俗格格不入。他竭尽全力而做到：每一盒或每一袋的包装费不超过实物的20%，尽力控制在10%以下。为了降低成本，他寻求自己信得过的设计者，进行合理设计，降低成本，提升产品的美感与实用价值，让消费者从中感受到杞乡人的品质与才智。

七过储藏关。要解决好先储藏好干果后储藏好加工成品的"双藏"问题。枸杞喜欢干净、防潮、卫生的环境。若晾晒不好，容易变质和生虫。若封存不好，也会回潮霉变而体味不佳。它喜欢过去比较传统的塑料袋、瓷坛、陶坛密封储藏，也喜欢现代和高效包装袋藏身隐体，需要常温或低温的藏护。周金科熟知这一切，采用了大库存、精包装、走货快、防霉变等有效方法，达到了国家要求的储藏标准。当我们走进他的枸杞大库房时，感到空气清新、环境干净、空间较大、堆放有序。当年收购的枸杞干净新鲜而清爽，加工品等级分明而果质精致。周金科还是倾向于传统储藏法。他认为，大道至简，自然精妙。枸杞像是个娇贵的红宝公主，善待她才能享用她。

八过检测关。对于深加工的枸杞产品，要精准检测，确保质量。收来的干果，要做好抽样检测、大货检测和分类检测。对于加工品，做好人工目测和机检，按照标准收购。周金科从事枸杞目测60余年，只要往厂房一站，开眼一扫，就能看出枸杞干果的成色与等级。古人言，熟能生巧。周金科说，用心才能熟练。他对枸杞的感情，已达到了杞人相融的地步。这就像高级驾驶员驾车一样，达到车人一体的硬功，也就是佛学所讲的物我相通的境界。

九过价位关。善于掌握收购价、加工价与产品外销价，这是盘根错节，互为一体的三大环节。这就像一个可塑性很强的三脚架，支撑起了枸杞产品的成本幅度与利润大小。舍得花钱收购质量上等的枸杞干果，善于投资枸杞加工设备、优化工序，提升外销质量取得相应的利润，是确保枸杞合理价位的连贯性举措。倘若有人在价位上投机取巧。可能会得逞一时，但最终丧失信誉与最大利益化。精明过人的周金科算得上"枸杞经济学"的内行，悟此理而付诸行。他经过多年的摸索终于冲过了这一关，成为保证枸杞质量，赢得可靠利润的"不倒翁"。

第十七节 花钱有一个谜底　聪明人养鸡下蛋

在中宁枸杞核心产区的舟塔乡，一马平川的枸杞园里，一棵棵新植的枸杞小树，摇曳着观景人周金科的思绪之海在翻腾。

他喜欢夏天的枸杞园，那是枸杞的丰收盛宴。他琢磨春天的枸杞园，这是枸杞的成长摇篮。眼前的景色春机盎然，这小枸杞却最耐人寻味。种好小枸杞树，就像是演奏好一曲完整流畅的交响乐。先要选好地和整好床。应选沙壤或轻壤地，土层厚度与含盐量达标，适宜种子发芽、插条生根，易起苗，伤根少。同时，需要地形平坦，有风和日丽、日照良好、灌溉快捷、排水及时和交通方便的熟地。发现地有不平时，还要修整。育苗时，要选好粒粒饱满，贮藏期不超过两年的无病虫害的良种。幼苗出土后坚持正常天气不灌水，天旱时浅灌，防止积水而保苗。幼苗长到约 20 厘米高时，要及时追肥，灌水和中耕，依照出劣存良，去弱留强的原则间苗，保持合理的空间与良好的环境。等到长高了，还要合理移栽，保持侧根较多。栽植时踏实穴土并灌足水，保持一个湿的居地和合理的水分。苗变成树了，还要修剪。发现树身受侵损伤，还要仔细护理，直到它长成一棵成形、自然、健康、丰满的小枸杞树。作为一个杞乡农民，都懂得这种枸杞小树诞生与成长的过程。而作为一个杞乡商人，还明白把枸杞树上的鲜果变成金钱。而作为一个杞乡的农民商人，能从种植枸杞中悟出经商的道理，又从经商的道理中悟出枸杞种植的内涵，从而上升为一种走向枸杞产业的思路，这才是最精明的杞乡人。也许，周金科对于这一点还未深思，但他已从中悟出了一个发展枸杞产业的道理：先走一步，走好一路，选择最佳突破口，也许能有一番大作为。

正是这潜移默化的思想火星，点燃了周金科思索已久的经商路灯。他从枸杞园回到中宁县城最显著的十字广场，想在这里创建一座枸杞美食餐饮中心楼。他把这些想法告诉了一些知心的朋友。有人支持他，认为能在中宁十字广场建一座楼，是一件大好事。不仅能把农民的枸杞直接转化为食品，而且能拉动中宁特色产业更上一层楼。有人反对他，认为现在虽说是改革开放的年代，但真正干起来困难很多。这个十字广场，是中宁县城的"中央地带"，是过去县政府接待贵宾的最佳场所，也是来往过客最关注的热闹地方。虽说不上是寸土寸金，但也是一块宝地。在中宁历史上，就有"枪打出头鸟""出头的椽子容易烂"的说法和悲剧。你老周敢在这儿下手建楼，会不会招来大祸呀！还有调和者认为，干脆来一个保险法。不在城中心建楼，而是在城外找一块闲地建楼，既不招人显眼，又能安心建楼，算是两全其美吧。

周金科一听这些说辞，一时也拿不定主意。好几个晚上，他在自家的院子里转悠思考。他知道，这是一件福祸并存的事儿。说福，能给自己闯出一片新天地，能给打开中宁枸杞产业做一次新试验，也给中宁人亮一次新形象。论祸，一旦失败，不仅使他的积蓄化为流水，更会给家族带来多种灾难。他回顾了自己走过的路，最终选择了一个字：干！

"说一千件不如干一件！"是周金科的口头禅。他打心眼里坚信：人生幸福是奋斗出来的，社会主义是靠干出来的！这就像马车一样，马快车则快，马停车则停；马慢车则慢，马倒车则翻。只要有好马拉车，才有车行一日千里的好景象。

经过初步测算，建起金福楼美食餐饮中心需要 450 万元。这对于周金科来讲，是最难闯的一关。当时，他手头已有了几百万的资金，但如果全部投入这一项目，就有相当大的风险。有人对他说："老周呀，这可是兜底投资。你把这笔资金拿出来。等于拿出了你的大部分家底。如果投资成功，就会给你后来的枸杞事业打开一个积累资金，良性发展的通道。一旦失败，不仅造成损失，还会使你的名声一落千丈，连累你的家族和后人也遭受厄运。"周金科听了这些话，没有立刻表态。周金科有个好习惯：独自静思。

天黑了，日落月出，酷热的夏夜仍然散发着烤人的热气。这时，周金科端坐在独室小屋里，一边泡脚一边思考。他是个非常喜欢干净的人，无论在什么样的环境下，都会保持干净的习惯。即使穿一件打补丁的衣服，也显得朴素整洁。这是一种良好的生活习惯，但也折射出周金科善于静思梳理的思维特点。他泡好了脚，弯下腰去伸手洗一洗，然后擦脚、倒水、刷盆、洗手、吃瓜，再拿起扇子，一边扇凉一边思索。那些窗外飞进的蚊子，曾试图骚扰，但见他扇子晃动，便嗡嗡自叫而惶惶离去。他看着切好的瓜牙，似乎有所触动。中宁县的文人中，曾有"西瓜泡油饼"的传说。

传说在唐天宝年间，中宁牛首山下有一牧羊老汉叫张三，无儿无女，因家贫，老两口常年在滚泉坡一带给财主放羊挣些小钱过日子。张三有嗑瓜子的嗜好，每天口袋里都会装点西瓜子，放羊时嗑，以此打发时光。

有一天，张三在石头堆上嗑瓜子，无意间把几粒西瓜子掉进石头缝里。三四个月过去了，张三放羊又转到这堆石头旁，竟发现石头缝里长出了五六条西瓜秧，每条西瓜秧上都结着两三个大西瓜。他很惊奇，摘下一个西瓜，打开一吃，甘甜无比。他思来想去，这荒山野岭的，石头缝里怎么会长出西瓜？他把石头搬开一看，石头盖着的地方土壤都很潮湿，猛然想起自己几个月前曾在这堆石头上嗑瓜子，有几粒瓜子掉进石头缝里。莫不是自己掉下的瓜子长出的瓜？他觉得在这样干旱的地方能长出西瓜，是因为这石头能起到保水的作用，且在干旱的条件下昼夜温差大，种出的西瓜肯定甜。他想："我何不用闲暇时间搬石子压在土上，第二年多种些西瓜。"于是，他每天放羊时就拣石子压地，时间久了，他压了很大一块地，种出西瓜来……

周金科从这个故事中得出了启发：人要学会绝处逢生的智慧。他想，这一笔资金投出去，胜算只有六成。一个人干任何一件事，能达到百分之百的佳效自然是好事，但在现实中似乎太难。只要有六分以上的胜算，就去闯，就去干，就去大胆试验，去逐步完善。成功了，戒骄戒躁再上一层楼；失败了，记住教训重新从头来。这就像经营枸杞园一样，无论丰收与歉收，或是兴旺与败落，只要看准方向，找好方法，坚持到底，终有"柳暗花明又一村"的美好前景。明白了这一点，他决定孤注一掷，决心投资。

数月后，在周金科的努力下，投资450万元人民币，一座占地1300平方米的建筑物屹立在十字广场一带，下一步要解决项目运作的突破口。这时，又出现了两种声音，一种声音是不惜代价图挣钱，另一种声音的观点是率先试推枸杞菜。由于改革开放，极大地激发了人们自主创业，奋发创新，竞争创效的积极性和创造性，这无疑是一个伟大的变革。但由于社会复杂的缘故，有人以经济效益为唯一的衡量标准，就导致了只讲"钱数"，不讲"气数"的极端做法。后来，一些企业从创业兴旺到惨败，究其原因一是跌入了这种极端做法的陷阱。周金科认为，一个人活到世上，需要挣钱，需要高质量的生活，也需要创造高产值，但最主要的是干一件有意义的事。他说，孔圣人的钱不多，兵圣孙子的权不大，毛主席也没给自己的子孙留下家产万贯，但他们却成为后人很尊重的人。这说明，人活着，不完全是为了钱，而是要活出一种做人的境界。正是基于这种朴素的想法，他决定试推枸杞菜，给后人推出枸杞宴先做个试验。

为了经营好金福楼饮食娱乐中心，他专门从省城请来烹调大师和营养大师将枸杞用于菜肴药膳，推出了枸杞火锅底料，枸杞银耳汤、枸杞玉米羹、枸杞醪糟汤、枸杞炖甲鱼、枸杞松仁玉米、枸杞生猛海鲜等一系列美味佳肴，将健康饮食理念推向市场。当时，以枸杞营养膳食为主体的餐饮业在全区乃至全国也没有几家，而周金科独具慧眼，开业后生意十分火爆，当时就立刻引起了全区各大宾馆、酒店的纷纷效仿，在美食餐饮行业掀起了一股以枸杞、人参等高级营养为主题的营养餐饮浪潮。

土生土长的中宁舟塔人康全保，后来在银川创建了富康大酒店、国贸新天地大酒店、金水湾大酒店，他成为宁夏民营大酒店很有魄力和影响力的中宁企业家，荣获西部大开发人才奖。20多年前，他继周金科推出枸杞菜后，在富康大酒店推出了枸杞宴，在全区特色饮酒评奖中获奖。著名摄影家、区文联副主席苏保伟专门拍摄了试推枸杞宴的系列照片，刊登在《宁夏日报》上，引起一时轰动。这对周金科起到了很大的推动作用。他相信一句名言："只有想不到，没有做不到。"他认为，这话虽然说得太绝对，但的确有道理。人的目标越高，想法越大，动力越强，干成事的概率相对也就越多。当然，在这过程中可能出现拐弯、出现跌跤，也可能出现头破血流的事，这都很正常，有想法、有干法、有方法，总会有良好的收获。每当想到这些，他一挽袖子，说出了憋在心窝已久的一句话："我周金科要豁出来，大干一场。一定再打出一张枸杞王牌。"

第十八节 首推枸杞王品牌 闪现大产业亮点

1994 年的春天，周金科的头脑里冒出了一个前人想过，但没有做到的想法：注册枸杞王商标，试推枸杞王品牌！

在 20 世纪 70 年代，时任中宁县酒厂厂长的李泉，在一位县委领导和一位家乡文化人的支持下，研制出了第一批枸杞酒，得到了一位国家领导的肯定与鼓励。当时，有人曾有个想法，再接再厉试推一系列枸杞产品，形成枸杞王品牌。但由于当时的复杂局势，这一想法成为现实的时机尚未成熟。到了 20 世纪 90 年代，也有一些"敢吃第一个螃蟹"的杞乡壮士，试图再推枸杞王品牌，但心有余而力不足。尤其是敢当枸杞王的人，在当时要必须具备五个主要条件：一是土生土长的杞乡人，对枸杞事业有坚定的信念和不断的追求；二是为人厚实，品德良好的实干家，立于言而重于行，让人口服心服；三是拥有产业和不断创建产业的企业家，有厂房，有生产基地；有主打产品，一旦注册商标后必须名副其实；四是拥有经济实力，确保资金链条不易断的投资人，保持厚积薄发和持续发展；五是拥有人脉并得到社会各界支持的有缘人。尤其是枸杞产品进入国际市场后，必须要得到了朋友的鼎力支撑与消费者的认可，确保枸杞王品牌有较大的市场份额。当时，周金科已具备了部分条件，但未全部完善，还有一个更大的隐患，他已感到身体有特异的反应。

一旦身体有恙，就会使枸杞王品牌的梦化为泡影。正是这多种原因，又使周金科一时陷入两难境地。这时，一个关于"枸杞骚条头"的说法，困扰着他举棋不定，但深思之后，逐渐有了新想法。

枸杞骚条别名枸杞油条，是生长在枸杞树上不结果的枝条。因为吸收枸杞树养分过快，枝条长势猛，且又招惹蜜虫花蝶，故被称为骚条。因此杞农不留该枝条，不待它生长就及早把它摘掉，晒干当柴烧。枸杞骚条头因为吸收了枸杞树的精华，含有多种微量元素，营养价值高，具有生津活血、养颜明目、滋阴补肾等功效。

如今，枸杞骚条头已被商家开发研制成菜品、饮品、茶品，进入了高档饭店，进入了百姓的生活，成为养生保健的特殊食品，深受广大百姓的喜爱。

这在当时许多人的心目中，枸杞骚条头是个贬义之物。而在周金科的眼中，既看到它的缺点，又发现了它的优点。他认为，一棵枸杞树，全身都是宝。而被人视为弃物的"骚条"，也必然有可用之处。于是，他不再犹豫，当年注册了"杞王"商标，产品同时荣获了全国枸杞博览会金奖和昆明世界园艺博览会金奖。

这时，又出现了一个新问题：打好品牌之战又遭受冷战。起因是：杞王枸杞销往新加坡、日本和韩国等，曾掀起了一股热销浪潮，但因当时的市场原因又陷入低谷。有人戏对周金科道："老周呀，你这杞王品牌在国外叫得响，但在国内还是半热半冷的现状。尤其是一些宁夏人，没把枸杞当作养生主产品。"虽为戏语，但引起了周金科的高度重视。他接触了一些中宁有钱人，宁可花几千块钱去买别人的一包保健品，也不愿花几百块钱来用他的"杞王"枸杞。他这才意识到，酒香也怕巷子深，宝贝难免入冷门。再好的产品，还需要相配套的操作。这就是一位作家常说的"种好豆子，炒好豆子，卖好豆子"的经营理念。理解了这一点，他又做出了一个大胆的决定。加紧扩大资本，追加投资上千万，创建宁夏红枸杞商贸有限公司，打造一个坚实而又强大的生产力基地和研发中心。1996年，他将公司正式更名为宁夏红枸杞商贸有限公司，杞王枸杞热销新加坡、日本和韩国。同年，他被自治区政府授予"全区先进私营企业"、2000年公司又获"全区非公有制企业先进单位""明星私营企业""全区模范纳税户""全国质量优质单位"。他成了真正意义上的"枸杞大王"。继而，"中宁枸杞"以国家级品牌的身份得到了国际商家的公认。据权威部门统计，截至2010年年底，中宁县从种植到加工销售枸杞的人，资产上百万元的就有120多家，注册枸杞经销公司当老板的不下300余人。这些人只要一提起周金科的大名，无不怀着一颗感恩之心。一位年轻的经营枸杞者严奇讲道："没有周金科就没有我们后辈杞乡人的今天，没有周金科也就没有中宁枸杞现在的繁荣与辉煌。"此语也许失慎，但这是他的肺腑之言。

2001年年底，"中宁枸杞"在中宁县政府的努力和他的影响下，认证商标获国家工商局批准，中宁枸杞顿时身价倍增。一时吸引了许多有志之士来杞乡投资建厂。其中，闻名全国的"宁夏红"枸杞事业集团率先在枸杞之乡中宁县安营扎寨，研制和推广枸杞果酒，很快创造了"每天喝一点、健康多一点"的饮酒时尚；潘泰安，王自贵等一批中宁籍企业家以超人的胆识将枸杞推向国内外大市场，引起了一场轰动效应。宁夏早康枸杞食品有限公司借上海大超市这个世界之窗，将中宁枸杞推向日本、韩国、澳大利亚以及美国和欧洲市场，得到了良好的回报。从此，枸杞籽油、枸杞芽茶、枸杞精等高科技营养系列产品，相继问世并很快风靡全球。

面对这种从未有过的枸杞现象，周金科既喜又忧。喜的是家乡枸杞大有希望，忧的是人云亦云迷失了方向。这时，县上的某些领导，来自外地的一些客商，还有新崛起的本地枸杞商家，几张不同的嘴都在他耳边吹风："老周呀，抓好商机，转行发展，才能发大财啊！"有人建议他创办枸杞国际集团，有人愿意合资创建枸杞旅游城，还有人怂恿他联合外商搞一个全世界最大的枸杞商贸城。周金科从容应对，但不表态。他永远不会忘记，过去的那一个情节：小时候，他看见一些村民，到几里外的井里去挑水，适逢雪天，路滑难走。走快的人，一不小心跌倒在冰坡上，摔坏了腿。走慢的人，生怕跌跤，战战兢兢，左顾右盼，到井眼上要排队，有时几个小时都挑不回来一担水。只有那些走路不快不慢，做事稳重成熟的人，最有良效，既不跌跤，又能在最短的时间内挑回水。他由此悟出，古人讲少要轻狂，老要稳重，在他看来中年人也要讲稳重。人生路长，经验很多，但最主要的是记住一个字"稳"。稳中求进是中年人成功的一大法宝，尤其在人生最辉煌时，更要认准这一个"稳"字。稳而不乱、稳而有序，稳而求进、稳而求效，才有人生欲穷千里目，更上一层楼的人生境界啊。周金科正得益于此悟，没被人蛊惑，在非常复杂的商战中，很少跌跤。

第十九节 斥资金上千万元　城北街基地实现

在发展枸杞产业的过程中，周金科还要抽出精力做其他善事，但一切都离不开弘扬枸杞事业的主旋律。

2001 年，他又斥资 1000 多万元，在中宁县城北街建成一栋面积达8000 平方米集商业、办公、餐饮、娱乐、住宿于一体的宁红宾馆。同时，还投资 8000 万元，对现有的 3800 平方米的枸杞加工厂进行改建。并新征土地 13.5 亩，建设并投产了年产保鲜枸杞原汁 3000 吨、枸杞原汁发酵果酒 1000 吨的枸杞系列产品现代化新型加工厂。项目很快建成后，当年实现销售收入近亿元，利税 300 万元。目前，他已是拥有金福楼美食娱乐中心、宁夏红枸杞补益品有限公司、宁夏红枸杞商贸有限公司南京分公司、上海分公司 4 家子公司的大型枸杞生产加工企业。拥有职工 120 多名，管理人员 12 名，高级技术员 8 名；总资产达 1.2 亿元，年加工销售枸杞 1000 吨年产值 6500 万元。公司创办至今，共向日本、美国、东南亚及东南沿海等国家和地区销售"杞王""杞乡"牌枸杞 5000 多吨，累计产值 6 亿元，创汇 3000 多万美元，上缴税金 1360 多万元。是目前所有枸杞产业中创汇最多的企业之一。

在这快速发展的过程中，周金科又面临了许多严峻的考验。他在初建宁红宾馆过程中，倾注了很多心血。他亲自登门拜访请教当地最好的设计师，对厂房、办公室、仓库等每一个地方的建造细节进行现场考察与精心设计，既不浪费资源又不追求虚假门面，一切唯实求精。他亲自选择当地最有信用和技能的施工队，力争在最短的时间内保质保量完成施工任务。尽管工地上有总经理、有工程师、有监理，但他还是不放心，亲自到工地上去督查，发现误工或偷工减料，马上提出意见。他对装修的材料、价格、用工和风格都要亲力而为，反复比较，然后再选定。工地上，有位年轻人对周金科说道："周叔，你太费心思了，你这哪里是建大厦，就像是养育孩子一样。"正在一边拣剩余工料的周金科呵呵一笑："你说对了，我就是把这大厦当孩子一样看待。因为这是我用血汗钱盖起来的，其中的一砖一瓦、一石一木，都有我的感情哩！"这位年轻人话锋一转："周叔呀，现在是开放享受的年代，你一年四季不闲着，捧着大老碗吃面条，端着大茶缸子喝开水，图啥呀？"周金科摇了摇头，又继续埋头干活。傍晚时，穿着半截短衣衫，骑着电动车的周金科回到了家，妻子和儿女出门不在，他自己做了一碗土豆丝干拌面，吃了一半，喝了几杯茶，在院子里遛了一圈，便坐在沙发上看电视。他多年有个习惯，喜欢看新闻，了解国内外大事，掌握市场变化动态。他看着看着，便呼呼入睡了。不知睡了多久，突然天响雷闪电，倾盆大雨像是从天倒下来，砸在地上发出噼里啪啦的响声。他猛然惊醒，想起了工地上院子里存放的水泥和其他杂物。他打开门下看，院子里已有明晃晃的积雨流淌。他在屋里来回踱步，思忖良策。这时，风雨稍停，骑上电动车就往厂里奔去，从家里离厂房虽有几里路。但道路难行，风雨弥漫，时而又响雷闪电，似是要炸裂这黑沉沉的天空，闪断这雨茫茫的道路，周金科毫不畏惧，双手捏把，瞪大双眼，加大电门，像是一匹脱缰的烈马疾穿而过。来到厂房，顾不得全身湿透，急忙招呼人护理建材。响雷闪电中，仍然有周金科奋不顾身，来回奔忙的身影……

每当回忆起建厂的那一段情景，王代英充满深情地对笔者讲道："咱家的老周，受了大半辈子苦，操了大半辈子心。有人常羡慕他当劳模、当老板，又当枸杞王，岂不知背后的故事多是辛酸与艰难。"没想到周金科出语不凡："受多少苦都不难，最难的是心灵的煎熬。"

他说的是大实话。当时建厂中，正是房地产兴旺崛起的时期。当时，中宁人出现了乔万智等一批建筑商，当地人戏称为"包工头"，他们从中宁到银川，带着一批批家乡人，到处包工盖大楼。那时银川的近一半新楼房，都有中宁人的名号和身影。当时有人戏言："中宁人是宁夏的温州人，敢向上天借胆，敢下商海扬帆，敢向全国最能干的温州人挑战。"有的包工头，几年前还是个吃了上顿愁下顿的穷光蛋，几年后摇身一变成了大老板，坐豪华车、喝茅台酒、抽中华烟、戴名牌表，登上央视扬名，交往明星大腕，是何等的荣耀与扬眉吐气。这时，有人向周金科提议："老周呀，搞房产现在是一年暴富，而你搞枸杞产业是老牛拉车，跟不上现代节奏了。再说，你借搞房地产的东风，再向银行贷款，再向他人筹资，这样一来，你就发大财了。"周金科呵呵一笑道："我的原则是三不：一不乱花钱，二不轻易向别人借钱，三不多向银行贷款。萝卜青菜，各有所爱。我喜欢枸杞产业，不愿去赶时髦当什么大包工头。"这人一听，撇嘴一笑，嘲笑周金科是死脑筋，不开窍，赶不上形势，发不了横财。周金科付之一笑，仍然按照自己的想法去做事。

当年嘲笑周金科的那些人，直到今天才看到，周金科一心一意搞枸杞产业，虽然是牛车赶路，走过一路坎坷，但从未翻过车。而有些包工头老板，暴富后变了人形，栽进了人生的低谷。由此而验证了一个古朴的道理：人生纵有千条路，关键走好自己的路。一个人创业时，最主要的不是资本与市场，而是正确的选择。这就像人人手中都有一把剪刀，去选择自己的行动。你常修剪枸杞枝，得到的是枸杞果；你常修剪柳树叶，得到的是无果枝；你常修剪牡丹花，得到的是情感美；你常修剪带刺花，也许扎伤你的手。同样的剪子有不同的结果，区别在于剪何物。大智大勇的善者，才能剪出人生的美丽与精彩。

也许周金科创业致富的过程，在许多人眼里就像是一个传奇故事，在当时的社会环境和经济活动中属于一个非常现象。因为有些人炒股、搞房地产，可以一年暴富，然而周金科的财富之路，却是一步一个脚印，经过大半辈子打拼才积累起来的。他向我们讲起一个看似笑话但却又是真实的故事。当时，县上几家金融机构的领导找他谈话说："老周啊，你现在企业发展这么快，肯定缺流动资金，那就在我们银行贷款吧，因为你不仅有资金实力，也是全县诚信度最高的企业。"周金科诙谐地笑着说："谢谢你们的好意，我现在不缺流动资金，至少我现在做生意还不需要贷款。"他的回答令在场的银行家们大跌眼镜，他们怎么也没有想到，周金科千万元资产的企业，竟然没有负债。也许这是一个谜，但值得人们去思考。

第二十节 聘能人再展宏图 造"杞皇"晚年圆梦

　　2001 年的冬天，中国西部的枸杞之乡下了一场不大不小的雪，这场雪不仅晶莹玉润，清冽冷峻，而且连续下了四天五夜，给所有枸杞树都披上了银装，让挺拔的白杨树更显得白净，真有一派玉树银花的北国风光。周金科站在雪地里，遥望着远处那银装素裹的万亩枸杞园感慨万千。突然，他的大脑激灵了一下，一道灵光从眼中闪现，仿佛一瓶琥珀色的枸杞酒，宛如昭君出塞般从雪地的枸杞园中款款走来，随之一股沁人心脾的清香味令人不闻自醉。周金科定了定神，面前的一切又都恢复了原状。他想起过去曾经的一个民间传说。据说大汉天子汉武帝要送王昭君出塞与单于王子和亲，到了塞北边关时突然寒风刺骨，为了给美丽的昭君女接风暖身，前来迎亲的单于王子递给昭君一杯大漠烈酒，怎奈娇生惯养的王昭君不敢喝如此烈酒，王子正在尴尬之际，有人赶紧献上一瓶宁安堡的枸杞酒，昭君喝后顿感温润绵香，面颊也立刻红润起来，汉武帝和单于王子正在高兴，天空中突然坠下几只大雁落在了昭君面前，人们大惑不解，宰相看了看天空，然后又看了看昭君美艳如花的脸色笑着对大家说：吉兆啊，这是昭君殿下的美貌让空中飞雁一时迷醉而忘记了扇动翅膀所致啊。单于王子听后对王昭君更加钦佩，也更加呵护备至了，因而这段佳话也造就了北方边界的旷世和平。周金科想到这里顿时醒悟，今天的幻觉莫非就是古代圣贤在向我昭示着什么？

原来，这些天他正在被自己生产的枸杞酒所困惑。当时借中宁枸杞美名生产枸杞酒的厂家已经不下数十家，周金科经过一一品尝，总觉得里面缺点什么，于是自己投资几百万征地盖楼也开始生产枸杞酒。他高薪聘请了酿酒师，亲自与酿酒师一起研究枸杞果酒的配方，可是一遍又一遍的试验仍然令他不满意。他从小爱吃枸杞子，爱喝枸杞酒，那是用纯粮食发酵出的优质酒泡出来的枸杞酒，味道醇厚绵香，真可谓琼浆玉液啊。可是为什么现在怎么酿也酿不出那种味道来呢？现在他终于明白了，不是技术设备不好，也不是枸杞品种不好，而是人们的心态出了问题，人人都想急功近利一夜爆发，为了赚取可观的利润，便不择手段地使用各种化学添加剂，枸杞的营养结构被破坏了，特殊的有效成分被污染了。同时，又不认真抓质量，怎么能生产出原汁原味的枸杞酒呢？于是，他赶紧向县城北边的酒厂赶去，他要从今天开始，把所有生产出来的酒都封存起来，一瓶酒也不准往外发，直到他研制出的新酒有那种原始的味道为止。他的造酒厂就在县城北边的枸杞园旁边，占地面积虽然只有10多亩，但机器设备和工艺还比较先进。他还未走进院子，县农科委副主任秦鹏生已经在这里等他了。秦鹏生个头不高，粗壮的身材精力充沛，宽厚的脑门上凝聚着智慧，他也是第一个辅助周金科酿酒的人。周金科对他的人品和现代科技意识非常敬佩。他今天来找周金科，是专门来与他和他的技术厂长黄克信共同探讨枸杞酒一事。在寒冷的风雪天里，三个人坐在办公室里围着火炉商议着。

黄克信是中宁的一个响亮人物。他身材中等，但智商颇高。他眼睛不大，却善于观察；他肩头不宽，却有男子汉的担当精神；他性格耿直，见不得背后玩弄心计的小人；他写得一手好字和好文章，曾当过编辑、乡长、啤酒厂总经理等职。在周金科的眼中，他是个最值得信赖的才子型人才和搞企业的能人。他既懂工艺又懂管理，做事精细执着，是帮助周金科成就枸杞大业的"重臣"之一。黄克信给每人沏了一杯热茶，然后提出了自己的主张。他认为，当务之急就是既要注重酒的品质，还要扩大枸杞酒的宣传营销力度，尽快占领市场，迅速提高杞皇枸杞酒的知名度，创造较高的利润空间。秦鹏生从高科技的角度提出想法：目前要提高杞皇酒的质量和知名度，首先要提高枸杞酒的科技含量，要在枸杞使用的农药、化肥等使用方面向国际标准化靠拢，从源头上保证枸杞的原始特性、功能和口味。周金科听了两位的意见后，和蔼地点了点头，然后说出了一段令他们都意想不到的话来。他说："我认为你们两个的想法都很好，都具有可行性。但根据目前的市场情况看，我们的杞皇酒应该马上停止生产和销售。"两人顿时瞪大了眼睛，问他为什么要停产。周金科说："我今天一大早冒着大雪就去了一趟枸杞园，在那黄河岸边的枸杞园里，我眼前突然出现的一个幻觉，让我想起汉代王昭君出塞时醉饮枸杞酒的故事来。过去的枸杞酒为什么那么好喝，而现在造的枸杞酒不论筛选加工还是技术设备，都要比过去强多了，可是怎么就出不来那个原始的味道呢，你们说说看，这到底是什么原因呀？"秦鹏生和黄克信对望了一下细听下文。周金科接着说："一句话，就是急功近利的心态造成的。你们想想看，枸杞从生长、开花、结果一直到晾晒、加工出酒，本来就备受伪劣化肥和农药等污染的煎熬，造酒时又不按传统工艺老老实实去发酵，而是一味追求短、平、快的方式，能造出好酒吗？"秦鹏生和黄克信两人听后也陷入了深思。周金科坐下来慢慢说道："真正的好酒都要对原料经过一个漫长有效的发酵过程，我想我们不如从头开始，从基础做起，一步一个脚印，做出令人信服的品牌酒来。"早已按捺不住的黄克信从板凳上跳起来说："好啊，周总你说得对，我们一定要静下心来，从枸杞的生长、原料的精选、配方的调配到基酒的发酵、成品的包装，做一次严格、认真的反思与研究，一定要造出具有国际品牌的杞皇枸杞酒。"秦鹏生听了他们两人的观点后，立即拍手赞成，他说："周总啊，你可真不愧是杞乡精灵，你今天所做的事情极有可能又是一个杞乡里程碑啊！"三个人爽朗地一笑，一块商议制定了一个杞皇枸杞酒生产操作的原则：着眼长远，精工细作，突出原味，打造品牌。他们决定在真正的好酒没有正式出产之前，不做广告，不投入市场，也不刻意做广告展销。直到时机成熟后，让杞皇酒风光亮相。

在数日后的一个品酒会上，周金科喝着其他几家企业生产的枸杞酒，从口感、色泽、度数、包装等方面仔细品味，经过细心琢磨后心中更有数了。不一会儿，进来几位记者对有关人员要进行采访，周金科本来是准备了一肚子话要说的，但记者却没有采访他。他听着那些被采访的老板和推销员，将自己生产的酒夸得天花乱坠玄而又玄，仿佛王母娘娘仙赐的神酒。这时，身旁一位喝多了酒的大胖子老板走过来，跟他碰了一杯后对他道："周老板，你别耍清高，你这个人就是太实在。当今社会是个吹牛不上税的喧闹世界，你再看看，几乎所有的酒桌都在甩坨吹牛，谁吹得好谁就是赢家，谁广告做得好谁就能签来订单，你还抱着过去的老一套，说老实话，做实在人，不输才怪哩。"周金科反驳道："耍坨吹牛跟做生意是两码事吧。"胖老板听了笑得差点没喷出饭来："周老板呀周老板，你真是迂腐之极，你的酒也造了好多年了，质量暂且不说，单凭销量和赚回来的票子，你可是比人家差多了。"大胖子又给他说出了别人销售业绩的一连串数字，周金科听了后也着实纳闷，可是静下心来一想，也就明白了。他在心里说："你们就吹吧，高兴地笑吧，但我有我的主意。古人云，笑到最后才是大赢家。"

几天后，他回到厂里找到了黄克信："黄经理，不管别人怎么说，我们都要沉住气，尤其要坚决把好道德这一关，做老实人，造品牌酒，我们要在工艺创新与工艺发酵传统上做文章，尤其要做好酒基发酵这篇大文章，这个任务就交给你了。我相信，你一定会造出好东西来的。"黄克信握着周金科的手郑重地说："放心吧，周总，我就是三天三夜不睡觉，也要把酒基发酵的难关闯过去，我一定要让我们中宁原汁原味的枸杞发酵酒名扬天下。"听着老朋友的知心话，周金科沉稳地点了点头与他道别。他又回到酒厂的包装车间去检查。在他犀利的目光下，有一箱酒的包装忘了打标签，他把车间主任叫过来说道："我们宁肯不卖钱，也决不生产一瓶劣质酒，你现在马上检查所有包装，如果再出现类似问题，我必责罚，你记住，酒质量上不去，你们就下岗去。"

几天后，周金科在加工车间，发现了错贴商标的事件，马上严厉批评了车间主任，并将他撤职离岗，但又一想，车间主任家庭负担重，上有老下有小，还有一个长期患病的母亲，需要花很多钱。倘若让他离职，这等于夺了他一家的饭碗，但如果不严厉处置这件事，将会给车间生产造成一系列的事故，他想了一下，努力克制住自己内心的肝火，将车间主任叫到办公室单独谈话。周金科是个非常细致的人，从车间主任的眼神中，看出他的内疚与不安，从他穿有打补丁的衣服中，看出他的处境异常艰难，暗自叹息一声，给他递上了一杯热茶，语重心长地对他讲："你已经干了几件错事了，造成了非常大的经济损失，我的确很恼火，你要明白天下大事成于细，我们虽然不是做天下大事的人，但我们造的酒是给天下人喝的，这就必须细，细而又细，来不得半点的马虎和粗枝大叶。我年轻时做了两件糊涂事：第一件事是把别人送来的一筐苹果放在家里，忘了开箱，几个月后苹果全烂了，枉费了远方朋友的一点心意。另一件是我给外商送枸杞，一袋枸杞里只有几颗坏果，被外商看到不但被外商看了笑话，还被退了货。这两件事做错的原因就是一个粗字。所以我们的酒如果出现质量问题，小则退货，重则损失信誉和重大经济损失。因此，每一瓶酒都必须严格把关，精益求精、优中求优，让顾客买得放心、喝得舒心，看到我们的诚心。"经过这一番谈话后，车间主任深受教育，当场认错，愿接受任何处罚。周金科对他进行了适当的罚款，鼓励他继续留岗工作。后来，这位车间主任，不负众望，改掉了粗心的毛病，在工作上，再没有出现过任何差错。通过这件事，周金科又一次深受启发，作为一个企业家，不仅搞生产要细，做人的工作也要细，才能打造出诚信如山的好产品。

经过多年的努力，杞皇酒终于站稳了脚跟，成为目前枸杞酒中的金牌酒。

第三章 老树抗冬

2018 年深秋，笔者和中宁作家、摄影家田永前来到了周金科的家，复拍了他留下的几百张照片。其中有枸杞老树照和他老年骑电动车上班的两张照片，将其叠合在一起，又使周金科的眼睛变得湿润。他的晚年就像是一棵枸杞老树，历尽沧桑而行道。

冬天的枸杞老树，已失去了春之蓬勃，夏之火红的美丽色彩。它最长的树龄可达百年，最短的成长结果期一年以上。无论春夏秋冬，它的色彩如何变化，但始终不变的是它长于春，红于夏，香于秋，藏于冬的生命韵律。现在有人又研究试种出了大棚冬枸杞树，其挂果量还是难胜于传统树。枸杞树抵抗严寒冬季的条件有很多，但最主要的是埋在厚土之中的树根。其根系与地上部分关系甚密。根系生长所需要的有机营养物质，主要由绿枝与叶片光合作用制造，再通过枝干的韧皮部下运到根系。而地上的部分所需要的水分，矿物质元素，则由根系吸收供应。由于树体上下部之间的相互依赖、相互影响、相互作用的平衡性，又有了"根深叶茂""养根壮树""老根挺树"的三部曲。人们总是喜欢春夏秋三季的枸杞树，不断地给它"整容"，"化妆"和"造型"，而到了冬天，尤其是那些枸杞老树，难免有了被冷落的情景。这枸杞老树听不懂人类的语言，也不明白《易经》与《败经》的禅化，但它顺其自然而坚挺。尽管花谢了，叶落了，果少了，枝瘦了，但"昂然抗冬"的大丈夫风采不减。尤其是那默默无闻的老根，埋于厚土不张扬，藏于雪霜不抱怨，遭遇冰雹不动摇。有时，大自然的凌厉寒刀与驴马侵犯的骚扰，伤其枝干，但枸杞老树依然是韬光养晦，根不自烂，厚积再发，穿过寒冬而迎新春。

周金科的晚年生涯也许比这枸杞老树还要经历更多的磨难与冷漠。他60岁时得了癌症，大夫说他最多能活5年，但他奇迹般地活了20多年。他带头创造的枸杞品牌，是中宁枸杞的金字招牌，又遭受过"砸牌"的风波，但他把打官司的精力移向了创新业的另一条路。他的贤内助王代英又经历了疾病的折磨，但他与她又牵手渡关，一路走来。

是的，晚年的周金科是一棵枸杞老树，必然有先天的不足和后天的艰难。在这种行程中，他的身子有过摇摆，他的脚步有过伤痕，他的大脑有过偏痛，他的韧性有过挑战，但他始终不放下他最宝贵的武器：一个充满理想与生命活力的心根！他说："一个人可以老，也必须老，但只要心不老，就会抓住希望和创造新业绩。"

周金科手中的两张照片落在炕头，而他晚年的人生影像，又清晰地晃动在我们的视野中。

第一节 有正气才有财气　有义气才有福气

　　阳光温暖的一个上午，周金科去县上开会，中午吃饭时，同桌有个戴眼镜的文化商人在高谈阔论。那人说："五十年代是好人吃亏，六十年代是圣人吃亏，七十年代是匠人吃亏，八十年代是呆人吃亏，九十年代是傻人吃亏，现在是穷人吃亏。"周金科听了没有吭声，只是暗自对那人的说法嗤之以鼻。那人见其他人都听得津津有味，索性停下筷子故作姿态地演讲起来："现在雷锋出国了，焦裕禄降格了，陈景润变节了，白毛女卖色了，黄世仁又炒火了……"。周金科听后，就觉得自己好像跟吃了苍蝇一样的难受，他站起来撂下一句："以你之见，现在都已经变成黑社会了吗，再说，雷锋做好事吃亏，焦裕禄当县委书记吃亏，陈景润当科学家吃亏，却赢得了人们的尊敬，留下了万人敬仰的美名，如果没有老祖先和这些好人吃亏在先的精神，哪有现代社会的文明进步，哪有你今天的美酒佳肴？依我看，他们的吃亏，是讲义气的，要比现在有些人端起大碗吃肉，放下筷子骂娘的人强多了。"说完，他放下筷子转身离开了酒席。

　　出了宾馆，他来到北街后面的一片枸杞园里。他在想，现在的人到底都怎么啦？一个个浮躁、虚伪得好像都互相不认识了似的，包括有些领导干部也变得道貌岸然，故作高深，让人不明白他们心里到底想干啥。

难道金钱这么快就将人们良好的价值观、世界观、道德观给颠覆了，真是可悲呀！他越想越生气，越想越觉得前面的路布满了荆棘。当他走到那棵老枸杞树下时又一次感悟到，冬天的枸杞树，在塞北的黄土高原上依然如苍松般挺霜斗雪，迎风傲立，保持着一身硬铮铮的骨架。当春天到来的时候，新生的枸杞叶又挂满枝头，浅紫色的小花竞相开放，顽强地挺拔结果。当欣喜的主人们将玛瑙似的枸杞子摘下来，再变成崭新的钞票时，它们繁荣、茂盛的生命又将恢复到原来的状态，孤独地等待着寒风瑞雪的检验。它们见权势者不弯腰，见贫贱者不薄待，一生都是在默默奉献中慢慢耗尽自己的生命，为人们献上长寿果。它们要远比那些只求索取不求奉献的人要高尚得多，比那些随风曼舞的春柳、供人赏玩的春花要伟岸得多。我是生长在枸杞园的人，一定要像家乡的枸杞树一样，冬天做一个高风亮节的君子，夏天做一个无私奉献的使者。

转眼到了一个初夏，周金科又一次来到枸杞园，眼前的情景让他目瞪口呆：有几家茨农正在挖掉还能在夏秋挂果的枸杞树。再往前走几步，一些茨农将挖掉的枸杞树堆在麦场旁边，有几个玩火的孩子点着了几棵枸杞树烤火。那些可怜的枸杞树，原本是祖先留下的红宝树，此时，比那些山上砍来的柴火还不值钱，它们在烈火的燃烧中发出噼里啪啦的爆响声，就像是一个没爹没娘的孤儿被禁锢在黑暗中，发出惨不忍睹的哀痛声。那些无知的孩子，围着火堆拍手嬉闹，更增加了这些枸杞树火堆的悲惨气氛。周金科是个受冤坐牢都很少流泪的人，此时只觉得泪水盈眶，心中难受。他知道，从明清到刚解放初，中宁枸杞就有几起几落和因价格低而挖枸杞树的情景。农民是最朴实的现实主义者，只要遇到枸杞低谷期，好枸杞卖不上好价格，便有挖树烧树之类的"焚宝"现象。这都是可以理解的，可现在到了改革开放之后的20世纪90年代，人们的生活水平明显提高，枸杞深加工水平日益强化，中宁枸杞外销市场逐步扩展。但为什么仍然出现这"焚宝"现象呢？究其原因之一是：枸杞销路比较难。而有些人趁机抓住这一点，压低价格收购枸杞呢。有的农民一算账，种枸杞不如种玉米和小麦省事划算。便开始对枸杞树进行惨不忍睹的"屠杀"。对此，周金科有苦难言，有理难辩，有事难办。他苦劝农民不要糟蹋枸杞树，但一下子又没有最好的理由，可他若放任不管，过几天后，会有更多的挖、烧枸杞树的现象蔓延。一旦失控，老祖先留下的红宝树岂不是成了废树？这好端端的品牌枸杞岂不损失惨重？而作为靠枸杞养育生存的中宁人岂不是罪过深重？当时，许多人都不理解周金科的这种心情，认为他是"淡吃萝卜咸（闲）操心"。

不，不行！说什么不能让这种悲剧再次重演。周金科擦了一下潮湿的双眼，转身回到办公室，给他熟悉的外贸朋友打电话，请求帮忙加大枸杞外销量。然后又通知了几个工作人员，从明早提高枸杞收购价，尽量减少农民的损失，让农民多挣点钱，再不要挖树毁宝了。同时，又与县上领导通话，请求阻止农民挖枸杞的现象扩大，千方百计保住祖先留下的千年红宝。

天未亮，周金科就带着妻子布置大院忙收购。午时，卖枸杞的人愈来愈多。大家一传十，十传百，都知道周金科做了一件大善事，提价收购干枸杞。下午，又出现了新问题，卖枸杞的人太多，从大院内到大院外，车水马龙，人流不断。周金科顾不上吃午饭，一边验果，一边算账，还要好言安抚年龄大的人不要太着急。这时，又出现了一些别有用心的人，拿着经过硫熏的劣质枸杞和外地杂质枸杞来卖。周金科发现后，断然拒收。这些人便趁机闹事，非要逼着周金科高价收下，不然就砸了周家牌子。周金科是个柔中有刚的人，猛地一下拍桌而起，严斥道："你别来吓唬我！我周金科不是吓大的孬种，这枸杞我不能收，请你离开，别耽误别人卖枸杞。"这人一看周金科一身正气，毫不畏惧，提起枸杞袋想走，但又不甘心，又朝着周金科求情道："周叔，你是周大善人嘛，给个好价，收下吧！"周金科毫不心软，挥手道："别来这一套，我周金科软硬不吃。"后面卖枸杞的人纷纷指责这个捣蛋鬼。这人见势不妙，提着枸杞袋灰溜溜地走了。

一连几天，周金科从早到晚不停手，收下了几万斤枸杞。晚间，坐在饭桌前，他累得腰酸腿疼，嗓子发干，胸间有一种闷气在丹田之上回荡，仿佛是驱散不走的沉重杂石，挤在他身躯中无法排泄。拨拉算盘与收果测验的过度劳累，使他的手指发肿，右臂胀痛。这时，相貌慈祥、善解人意的妻子王代英端上一碗面条劝道："老周呀，你别太累了，今早吃罢了饭，歇息一下，洗洗脚，喝几杯茶，美美地睡一觉。明天停收一天，算咱们自个放个假。"周金科微微一笑，"你就别劝我了，我明天肯定得继续收。"正说着，刚拿起筷子，听见一阵风吹打着窗子发出反常的响声。周金科马上放下筷子道："快，起风了，快搬枸杞袋。"说着，他抓起一件外衣穿在身上，赶紧在外招呼人搬麻袋。渐渐而至的风雨中，留下了周金科与人抬麻袋的艰辛身影。

第二天一早，周金科又继续收枸杞，一大早院内便挤满了卖购枸杞的人，他只好加快节奏，不停地验果、称果、算价、开票、付钱。午时，人们还是不肯散去，他又渴又饿，满头的虚汗在脸上流淌。这时，办公室电话响了，他跑过去接，是帮助外销枸杞的外贸朋友看望他来了。他马上肃然起敬，双手抱着电话连声道谢，然后说要设宴接风。放下电话后，他又快步赶到现场收枸杞。谁知，忙了一下午，竟把这事耽误了。到了晚宴时，他还在收枸杞。他又接到了电话，原来外贸朋友知道他忙，便取消了晚宴，忙别的事去了，让周金科千万保重，以后再联系。周金科深受感动，没料到外贸朋友这么善解他。他再三致歉，再三感谢，再三挽留，让朋友多住一晚，一定补好这顿饭。他放下电话走出院门外，见外贸朋友正组织人力往车上装枸杞。他二话不说，扛起枸杞麻袋就往车前走。迎面走来了一个司机，大高个，黑脸膛，一副陕北口腔，他第一次来拉货，见周金科其貌不扬，身穿布褂，但干活利索，赞扬道："你这老小伙子，扛麻袋还是一把好刷子。"周金科只笑不语，又接着扛麻袋。这位陕北司机又开玩笑道："你这个人这么卖力，一定是拿了大价钱工资。"周金科仍笑不语，继续干活。直到把枸杞麻袋全部装好。这时，来了一位外贸朋友。一见周金科大吃一惊道："老周呀，你怎么干这苦力活？"那陕北司机问道："这老周叫啥名字？"外贸朋友讲道："这就是大名鼎鼎的枸杞大王周金科。"陕北司机一听，目瞪口呆，大张着嘴说不出来话，片刻，他才抱歉地说道："周老板呀，您真是了不起呀！"周金科呵呵一笑，敬请外来朋友与司机吃夜宵。外贸朋友说赶路要紧，便满载枸杞回银川了。周金科马上买了一包红枣，送给他们路上吃。望着渐渐远去的货车，周金科的眼泪里流动着泪花。当他一人回到自家时，双腿不由微颤，走起步来特别的迟缓。王代英看到这情景时，万般痛惜在心头。

正是周金科的这些讲义气的善举，在那一年多收了10多万斤枸杞，为保护中宁枸杞付出许多心血。

每当想起他的这些故事，当年正在研究枸杞发展的知名枸杞专家苏忠深多有感慨。他曾向笔者讲述周金科类似的一些故事。他说，周金科是当之无愧的枸杞大王，他为保护与发展中宁枸杞产业做出了巨大的贡献，应该得到后人尊重与学习。他后来写了一本《中宁枸杞，史鉴诸编》的专著，其中有一篇关于枸杞的文章，真实记录了当时枸杞的部分实情，现录如下：

近年来，不少中宁人拿上"中国枸杞之乡"的品牌，夸耀手中的红果，其喜悦心情令人赞叹。种植业内部结构调整的硕果，回归了中宁枸杞应有的地位，迎接新世纪的一轮枸杞热又来临了。但是，对于中宁枸杞的故乡中宁县来说，形势并不那么乐观，新一场严重的危机已经悄悄地走进市场，走上报纸和屏幕了。当时，舟塔乡枸杞营销大户张守杰发出呼吁，要求制止在茨乡蔓延着的硫黄熏制法。《宁夏日报》几次报道这件事，并且配上枸杞照片。更令人深思的是在 1998 年 7 月 9 日头条中尖锐指出的问题："宁夏人打着中宁枸杞的牌子销售内蒙古的枸杞""拿自己的拳头打自己的眼窝""作为枸杞正宗产地，宁夏实际上变成了外地枸杞的集散地"。这些批评对于中宁人来说是切中要害的。中宁人不仅打着中宁枸杞的牌子销售外地枸杞，而且还用硫黄熏等方法制造伪劣产品，坑蒙顾客，滞销倾向愈演愈烈了！

　　周金科虽然没有细读过这一段文字，对已经逝世的苏忠深先生表示发自内心的尊重。对他所叙述的现实，深有同感。他说："回忆那一段历史，我是忧大于喜的。在今后，我仍然担忧中宁枸杞的毁树现象。用我的经历去提醒家乡人，千万不要丢失了老祖先留给我们的红宝贝，一定要保住中宁枸杞的大品牌，使之发挥造福天下的大作用。"

　　但为了这个心结，他又产生了内心的痛苦。一天上午，秋高气爽，阳光灿烂，他到枸杞市场转了一圈，又参加了一个劳模颁奖会，走出会场后，心里很烦。这些年来，家乡巨变，楼盖高了、路铺宽了、店铺多了，枸杞生意更红火了。尤其是一些做枸杞生意的商家，住进了楼房，穿上了名牌衣，戴上了名牌表，春风得意、精神焕发。但他从中发现了一个弊端，有的地方，看人看事的标准变得有点乱套了。有人靠枸杞赚大钱，既能升官又能得奖，还在报纸电视上瞎吹呼，群众十分不满。这到底是为什么？他想不通。经过又一番的深入思考，他终于发现了一个新问题，社会评价标准出现了严重漏洞，过分地追求经济效益，忽视了人的道德建设和素质教育。照这样下去，会不会出现口袋富了脑袋穷，人有钱了心变坏的社会现象呢？唉，越想越烦，越烦越乱，但他想清楚了一件事，独善其身。不管社会多变幻，自守天道向前看。当一个人发现自己抵挡不了某一潮流时，不要心急，不要心烦，也不要盲目犯险。先静下来，想走自己该走的路，干自己应该去干的事，也许能有新的人生色彩。正是有了这种想法，周金科的眉头舒展，心归自然，迈开大步向工厂走去。

就连周金科自己也没想到，他进入晚年后，在抗癌求生中，又经历了一场保护中宁枸杞品牌的攻坚战！

第二节　患癌不要心太烦　浮云终究难遮月

1994 年冬天，忙碌了一年的周金科，准备做年终总结。这些年，周金科的经营成绩不错。

晚间，周金科看着一大摞奖状和奖杯独自出神。妻子王代英端上一杯热茶关切道："老周呀，我们总算有出头之日了，你也该透透气，缓缓劲了。明天叫佳奇把这些奖状、奖杯都放到醒目的地方去。你明天也应该去医院看看医生，好好检查一下身体咋样。"周金科摇了摇头，一句话没有说，又拿出小笔记本开始记账。接着，他又给外商打电话联络枸杞出口情况，直到深夜才休息。那天夜里，他的腹部开始隐隐作痛，他怎么也没有料到，可怕的癌魔已经悄悄向自己逼近。

窗外，一轮明月被乌云笼罩，明亮的月光挣扎着穿透云层，周围的星星闪闪发光。一天晚上，周金科一直工作到深夜十二点才整理完这些天的来往账目，他放下账本准备睡觉，刚一起身突然觉得头晕得厉害，鼻子流血，接着血从嘴里流了出来。随之肛门开始剧烈疼痛，憋得他脑袋发昏、大汗淋漓。他慢慢扶着墙向前移步，又觉心烧胸闷、浑身发软，手一抓碰墙，险些跌落在地上。正在睡梦中的王代英听见茶杯摔碎的声音，立刻爬起来看他，只见他面色苍白、气喘吁吁，她就赶紧打电话叫儿子周佳奇开车把他送往中宁的一家医院。简单进行了处理，血止住不流了，但还觉得有些胸闷，也不知到底哪里出了毛病。县医院的大夫觉得治疗没有把握，建议送到区上的大医院去。

大过年的，他也没有再上医院住院治疗。数日后，周金科通过银川市工商局一位姓张的朋友，联系了一个有名气的个体医院做治疗，病情仍没好转过来。在银川的丁成主任的帮助下，联系到宁夏附属医院住下来。

住下后，周金科在护士送来的单子上发现写着"胃 Ca"，检查的结果是贲门癌晚期。当时，妻子王代英一听是癌症，惊得两腿发软了，周金科笑着说："癌症怕什么？胃切掉都不算个啥。"

丁成主任得知周金科得的是癌症后，知道北京的医疗条件应该更好一些。于是，建议送到北京治疗，但住院还得找门路。于是，周金科几经周折，找到朋友引路，几经曲折，住进了北京的中日友好医院。

到了医院，他们把宁夏附院和五院检查的病历给了医院的主治大夫贾教授。贾大夫认真地说："我相信宁夏的检查结果。"贾大夫很上心，连续检查了两天，还亲自动手术，医院安排了最好的麻醉师做助手，一切处理得很干净。做了手术后的周金科第二天就能下床了，在北京休养了一个月才回到家。随后到北京复查，得知病情已无大碍，区外贸部门开了欢迎晚宴，为这位贲门癌的患者接风，虽很悲壮，但周金科心里却很温暖，感到自己为宁夏枸杞出口做了一点事，外贸公司的朋友没有忘记自己。

过了几个月，周金科仍然忙于枸杞加工。从早到晚，忙里忙外，有时候顾不上吃午饭，亲自为拉送枸杞的外地大车帮忙装货，因劳累过度又得了肠粘连。记得那是一个炎热的夏天，快到下班时，他突然感到不舒适。双手捂住腹部从加工厂回到办公室，喝了一大缸子开水，吃了几片药，便静静地坐在沙发上休息一阵。突然，急促的电话铃声响起来了，他接过一听，又是外贸拉运枸杞的几辆大车已到了厂门口。按原计划，这车应当是上午来提货的。不知何因耽误了行程，需要现在提货，大多数员工都已下班了，虽然可以推迟到明早装货，但他知道，推迟一天提货，就会给对方老板增加运输费，同时还要给司机留宿，又增加对方的另一笔开支。按说，是对方先违约，造成超额开支是对方的失误。但为人善良的周金科不愿意这样做，他坚信吃亏有福的古训，决定现在提货装车！

　　他刚站起来走了几步，突然又感到大脑眩晕，下腹疼痛，往前一走，险些跌倒。他定了定神，做了一下深呼吸，双手扶墙，一步一步走向卫生间。走了几下，啪的一下滑倒了，他紧促地喘了口气，一手挂着地，一手扶着墙，先伸左腿，再移右腿，慢慢地双腿收拢，借助于深呼吸的一瞬间，使劲往起站，刚想喘口气，又跌倒在地上，他感觉全身酸痛，腹部憋得更加难受，恍如有一个残酷无情的魔鬼，举起阴毒的双手，堵住了他的下身，折腾他的腹部，使他发出一种难以形容的胀痛。他相信，跟魔鬼作斗争，你强他就弱，你弱他就强，绝对没有妥协的余地，他用意念支撑着再次爬起。又一次移动手脚，又一次提足丹田之气，又一次咬牙扶墙而起，他终于站起来，缓慢地移步前行……

　　像这样的病痛，周金科已经历了多次，但他从来不给别人说起，也不给大夫诉苦，只是默默无闻地承受与克制。在通向枸杞产业的大道上，这位老人经历过在土里挖野菜、吃野草，蒙冤出狱，忍病创业的三大难关。他伤心过、埋怨过，也绝望过，但在短暂的绝望之后，马上抓到顽强生存的希望之灯，继续从地上爬起来，挺直了腰，提足了气，然后再艰难移步，寸寸移进，终于奔到了"山重水复疑无路，柳暗花明又一村"的境地。

他再一次战胜了魔鬼，到卫生间清理一下腹部，艰难地移动着步伐到门口接车，然后找了几个员工帮助装货。一直干到天昏地暗，他又骑着电动车回到家里，喝了一碗小米粥，便躺在床上歇息，没一会儿，又坐起来打开电话本与拉货的老板通话。

就这样，一年又一年，周金科从1995年得癌症算起，迄今已有25年了。靠着大夫和爱人的帮助，他奇迹般地顶住了癌症的产生与复发，给人们留下了一句名言："得了癌症，并不可怕，你不要在乎它，它就会远离你。你要战胜癌症，最主要的是战胜自己。就像一棵枸杞树一样，经历了风霜雨雪，才能结天香杞果。"

第三节 受骗时学会放下　遇雨天学会卖伞

早在1989年时，亚洲经济危机使国家外贸陷入困境，素有宁夏五宝之首的枸杞，也由于国外订单锐减，大批收购上来的枸杞被积压在仓库卖不出去。望着农民一年的汗水化为泡影，望着自己几年来扶持、培育的枸杞园基地再次被毁掉，周金科毫不犹豫地拿出自己的积蓄，给许多因为种枸杞而损失惨重的茨农们进行经济补偿。

后来，一些地方的皮包公司到处泛滥，假冒伪劣产品充斥市场，金钱与道德天平时有失衡。当时，周金科已经是国家工商联合会的执行委员、自治区工商联副会长。那年夏天，同在区工商联基金部任执行委员的一个商人，说他与日本某公司合作开发枸杞汁的前景十分广阔，目前已经到了生产启动的关键时刻，请周金科先期提供22万元的"杞王"枸杞做原料予以支持。同时，他还请求区工商联基金会提供贷款30万作为启动资金，并且承诺以高息偿还。出于对枸杞事业伙伴的热心关怀和扶持，周金科与区工商联经过初步考察后立即兑现。在同年同月，区工商联的另一位执行委员称自己的一种产品开发，也已经进入后期生产，请求周金科和工商联给予20万元枸杞原料和30万元资金扶持。周金科仍然看在扶持同行的道义上慨然相助。然而，这却是一场弄虚作假的骗局，骗子利用了善良人的好心。区工商联60万元扶持基金，连同周金科个人近50万元血汗钱如石沉大海、本利无归。

当时，周金科还委派了自己的几个亲朋好友分别到北京、大连等地设立枸杞代销点，共计铺货约40多万元，结果也被席卷一空。仅仅不到两年时间，周金科就损失了100多万元。面对如此重大的挫折，全家人都痛心疾首，包括许多亲友都建议让周金科到法院起诉，追回资金。但周金科却没有这样做。在他的心里，圣人老子给世人留下"上善若水"这四个字中，一定蕴藏着巨大的人生哲理，尽管当时他身患绝症，可越是在这种时候越是镇定自若地调整着自己的心态，对面前的一切都从善如流。所以，他没有去起诉，没有把时间浪费在喋喋不休的追债官司上，而是通过思考、整合，去重新面对现实，把全部的精力投放在枸杞事业发展的创业经营上。那时他就常对儿女们说："人在做，天在看，好人做事看长远。目前，国内市场机制还不完善，人们的经营理念还不成熟，像我们这些讲诚信的善良人，还只适合与讲诚信的商人做生意。"周佳奇不无感叹而又深情地对母亲、姐姐等家人说："这真是天有道眼，人有善缘，我敬佩我们的父亲，人勤天自助，吃亏有后福。"

半年后，周金科要上枸杞加工厂设备，急需要一批资金。他便坐着班车赶到银川，去找他的一位熟人讨债。

将近中午，在一个破旧的厂门口，他见到了这位欠债人。这是一个身材中等，其貌不扬的中年人。但在几年前，这曾是宁夏商界的一位名人，他创办的企业，有高层大楼、一流设备和上百名的员工。他研制的产品，曾经畅销国内外市场，成为许多人喜欢的保健品。他的创业事迹，曾在报纸和电视台做过宣传。但没有想到，几年之后他垮了，企业负债破产，产品积压仓库，名声一落千丈。眼前的他，脸色憔悴、眼神黯淡，已经没有了当年那种潇洒超脱，推着一辆破旧的自行车，穿着极其朴素的服装和一双布鞋，见了他只是一个非常尴尬地苦笑。而在他的背后，是一个破落的旧厂房。周金科没有想到，他的由盛到衰竟然是这样快。更没有想到，他的精神状态，竟然到了如此落魄的地步。周金科和他在办公室谈了一个多小时，初步了解到他的一些真实状况后，非常同情他的不幸遭遇。他没有喝完那杯清茶，也没提还钱的事，谢绝了他的午饭之邀，独自一人到一个小饭馆吃了一碗牛肉拉面。他想起来有点苦笑，是不是自己太吝啬了。他又想起了刚才讨债的那一幕，刚刚平静的心头，又泛起一道道波澜。

　　这位欠债人欠他整整三十万元，加上其他人的欠债，总共 100 多万元。细算起来，按现在一块多钱吃一碗牛肉拉面计算，可以吃 90 多万碗牛肉拉面，按每天吃一碗细算，可以持续 80 年，但是要不回这笔钱，不仅造成了他目前的经济危机，还会迫使他高利息贷款。倘若经营不善，就会有资金断链的危险。一旦到了那个时候，又迫使他再贷款，再还债，再还高利息，便形成了三角债的恶性循环。刚才见的那位讨债人，正是一个前车可鉴的案例。他这才明白，并不是所有的负债人都是骗子。他们在企业兴旺、腰缠万贯时，一开始是诚实守信，但由于后来企业走下坡路时，或者是资金严重断链时，他们不能及时还款，便被人说成是骗子。其实，骗子是多种多样的，最明显有三种类型。第一种，是故意诈骗犯，必须依法严惩。他们骨子里不讲道德，不守信用，不计后果，靠着骗术行骗发财，这是最可恨的诈骗犯。第二种是变态诈骗犯。一开始是个老实人，但经不住社会的诱惑或经不住重大压力，从老实人变成了诈骗犯，这种诈骗犯是必须严防严打的，但也有可教育和可自新的另一面，应当酌情而待。第三种是骑墙诈骗犯。他们欠了别人的钱，无能力偿还，便采取拖延的办法，常许愿还钱常还不起钱，便成了主观上诚实，客观上行骗的"欺骗人"。久而久之便成了人们口中的骗子。对于这种人，要认真分析，区别对待。既能理解他们的难处，又要采取更合理的办法与之交往，不能让他们轻易滑入人生的陷阱。而刚才的那位负债人，属于第三种类型。对于这种人，决不能粗暴对待、落井下石。他虽然目前帮不了他的大忙，但可以在精神上安慰他、鼓励他、相信他，跌倒了帮他爬起再创业。同时，放弃这一笔债，把更多的精力放在自己的创业创效中，把失去的债务补回来。想清楚了这一点，他吃完牛肉拉面，便坐上班车返回中宁，高高兴兴地跨进了厂房，又去忙着加工枸杞。晚上，他又打电话设法筹款，历尽艰辛闯过了这一关。

每当回忆起这讨债之事，今天的周金科感想颇多。他认为，一个人在发生债务时，千万不要冲动，千万不要灰心，千万不要走火入魔，要保持良好的心态，寻求最好的方法，面对现实而合理的解决。即使因特殊原因失去了一笔债务，也不要太过于怨恨，要真正学会放下。钱财有时像一棵树，这棵树折腰了，落叶了，失果了，种树人也不要气馁与暴躁，再去种另一棵树。这一棵树受伤了，再去种另一棵新树。只要是善良勤劳且又有智慧的种树人，总会在不断地种树中领悟到"财源滚滚，福从心来"的这句俗语，会使自己活得开心、安心与舒心。

第四节　诚信如山常行善　莫欠他人良心钱

又是一个夏季的中午，刚吃过午饭的周金科喜欢在街外散步。这是他近年来养成的一种习惯，饭后，在外面透透气，松松腰，遛遛腿，甩甩手，借助于散步的时间，大脑里展开现实生活的屏幕，回顾与思考自己的行程。

今天，是一个特别晴朗的夏天，也是他最喜欢的时光。那暖烘烘的太阳，在碧空中如漫步踏青的巨物悠悠游走。那洁白的朵朵云彩，如绵羊般静卧在如雨洗过的碧空蓝天。那刮着树叶刷刷作响的热风，吹拂着眼前金黄色的麦浪和那五彩缤纷的菜地。那万绿丛中串串红的枸杞，静挂在枝头闪耀着醉人的神采。他所创办的枸杞加工厂厂房，是中宁城乡接合部的北端宝地。他喜欢中宁胜于美丽的江浙和四川一带。中宁的天空卧着小绵羊，南方的天空跑着大灰狼，这句恰到好处的天气比喻，正是在周金科心里烙下了一生的记忆。他喜欢亮堂，喜欢晴朗，更喜欢心灵深处的惠风和畅。

几个月前，他的老乡潘泰安从银川回到了中宁。这位后来创办宁夏沃福百瑞的创业者，既是枸杞企业家又是枸杞专家学者的杞乡俊杰，他是继周金科之后成为助推中宁枸杞营销到美国市场的有功之臣。他了解到周金科的枸杞加工厂需要更新设备与扩大生产规模，便乘车从银川赶来。热心肠的周金科十分佩服这位老乡的科技学问，而潘泰安更是敬仰周金科的厚德载物。在厂办公室，两人一见如故，一杯清茶，一盘红枣，便拉开了话题。周金科是个枸杞种植加工与市场营销的专家，对于新推广的加工设备还谈不上十分精到，但他相信潘泰安的人品和学问，便答应下来，接收了潘泰安推荐和营销的新设备。没想到的是，这套设备在使用中出现了一些小问题，与周金科想象中是有些差距的。倘若退货，必然给潘泰安带来信誉与经济上的损失，倘若继续使用，但又达不到最佳运行状态。而且，也有人向他推荐了更好的设备。这并不是潘泰安没有眼光，而是厂家制造业发生的特殊变故。有人给周金科出了一个点子，推迟给潘泰安付款。其由是：别人也给周金科推迟付枸杞产品款，他给潘泰安迟付款，也算是合情合理的三角债。周金科从来不愿意这样做，他是个讲究信誉的人，但近日发出的货款回不来，而给潘泰安付款的日子还有几天了。怎样处理这件事？他一时处于两难之间。

他散步到了枸杞园，看到了一些妇女摘果的情景。在一些人的眼中，认为夏季头茬枸杞是最好的枸杞，而在周金科看来，二茬与三茬枸杞才是上等货。因为，头茬枸杞残果多、药味大，且鲜果不够匀称与鲜美。二茬、三茬枸杞残果少、药性弱，且又整齐鲜亮。而且枸杞最喜欢大晴天的阳光。倘若遇上阴天或下雨天，挂在枝头的鲜果就像是经历战争创伤的弱势群，会导致生长变得缓慢，会被暴雨残忍地打烂或打下枝头，活生生地躺在地上成了不值钱的烂果。一遇上大晴天，枸杞鲜果就像是青春勃发的少女，追随着太阳成长，喜迎着暖风绽放，色鲜明亮，美容焕发，向满天散去醉人的自然清香。枸杞是这样，人亦如此。愈是喜欢阳光的人，愈能在商海中一路和畅。

下雨了，他急着赶回厂房。中宁的夏雨也是别有一番情趣，苍天像是一位大度豪放的泼雨人。他高高在上，欢笑打雷，仿佛将厚厚的云层变成一个巨大的簸箕，顺天而泼，雨帘欢织，即刻在田野里，在树顶上，在土路中，留下了积水。他紧步赶回，已全身淋透，禁不住发出哈气声，像是感冒但又不是感冒，只觉得身子微抖、鼻孔发干、嗓子嘶哑，呼吸不太畅快。这时来了电话，是上海客商打来的。周金科一听，不由一惊，对方因特殊原因不能及时给他打来货款。这样一来，就会拖欠设备款与工人的工资。他拿起电话，给几位朋友发去信息，希望他们尽快还清他的欠款，但这几位朋友却也十分为难，说一时拿不出钱来。这时，进来了一位推销商，对周金科讲道："三角债是正常现象，欠款也是家常便饭，何必为这事烦恼和着急呢？"他还说："赶快买一辆豪华小轿车享受一下，别再骑着电动车上班了。"周金科委婉谢绝后，又到车间去。他心里总感不快，仿佛压着一块沉重的巨石。

这是一个临时搭起的车间，里面有一群来自乡下的妇女拣果子。其中有一位中年妇女，穿着打补丁的单衣，神色有点憔悴，但她拼命地拣着果子，一时一刻也不松懈，为的是多拣果子多挣钱，给别人还债。她的父亲得了重病，借了一笔钱治好父亲的病，又落下了新债务，但她却不愿拖债，拼命挣钱还债。她来厂里拣果子，天不亮，就从十几里外的家里往厂里赶路，一进厂门，就抓紧时间拣果子，中午啃一块馒头喝点白开水，顾不上午休，又继续拣，一直干到天昏地黑，又赶回去给家里做饭，还要操心老人和上学的孩子。一个普通的农工，都懂得"欠债还钱，天经地义"的道理。这使周金科感触颇深，农工都不欠债，老板却赖账不还，实在是难言的悲哀。尤其是那些有钱不还的人，更是猪狗不如的无赖。他从这位拣果子的女工身上，明白了一个道理：拣果子也是一门学问。会拣果子的人，总是有良好的心态和勤劳的双手，善于快速的分拣，能在一大堆果子里，迅速地发现和拣出残果与碎果，保留整齐和漂亮的好果。人也如此，有时心灵上出现"残果"与"碎果"现象，也需要好好拣一拣，去杂存优，留下一个完整求美的"好果"。想清楚了这一点，周金科转身回到办公室，又给其他朋友打电话，千方百计筹款。几天后，他及时给潘泰安付了款，也给工人们及时发了工钱。

后来，那些国内外的客商，都知道了周金科"诚信如山"的故事后，纷纷签订货单。周金科的枸杞事业越做越大。一位知情人赞叹道："从周金科诚信如山的故事中，我们明白了一个人生道理：是金子，总要闪光；是善者，总有善报。"

第五节　面对官司细思量　保护品牌获大奖

转眼间又到了一个秋天，南来的大雁从鸣沙塔飞向牛首山。碧蓝的天空没有一朵乌云，只有暖烘烘的日头在天庭漫步。牛头山下，黄河如练，路经青铜峡口，爆发出急流穿峡，浪扑山崖的轰轰响声。此时，一辆普通的班车正从鸣沙向白马一带的沿山公路爬坡。猛一观，并不十分陡峭；细一看，才知是一条坡度漫长且东西缓行的大坡路。在民国时期，这条路遇雪天时，汽车如牛车般爬行艰难，但现已修成柏油路，虽比过去行车方便，但依然行车缓慢。坐在车上的一位客人，身穿蓝色中山装，平头发型十分整齐，但已露出少许的花发，看上去有 60 多岁，不算显老，只是神色沉重而郁闷，他望着长长的土坡路，不由发出一声长叹声！

这位顾客正是农民劳模周金科，他要去银川打官司。他的父亲在旧社会坐牢，那是黑暗势力的残害，他无辜受屈在二十多前坐牢，那是政策失误造成的冤案。从他的内心深处，不希望自己坐牢，也不愿让别人

150

轻易坐牢。同时，也不愿意与官司纠缠。他觉得，无论双方对与错，打官司总是太费精力与人力，还是以调解为宜。但没想到，一年多以前，宁夏某公司侵犯了他的枸杞品牌权。为人善良的他一再忍让，只想通过调解让这家公司认错改过。没料到这家公司自认为理直气壮，反而多次将他打压。周金科派人拉了一车枸杞产品去四川参加全国特产博览会，没想到这家公司竟然抢占市场心切，硬说是他的公司品牌是伪品牌，还将他的产品挤压出市场。好端端的一大车枸杞正宗产品，被迫从四川返回中宁。这不仅造成了经济损失，而且给周金科以及其他中宁枸杞企业带来了名誉损失。正在办公室里打电话的周金科，听闻此事十分震怒，"啪"的一声，拍案而起，平时温和的双眼里释放出咄咄逼人的眼光。旁边站着几个人，又将这家公司打压中宁枸杞产品的事再次渲染一番，更使周金科怒不可遏。他立马穿上外衣，要找领导说个明白，然后跟对方打官司。在县委办公室里，县领导支持周金科的做法，对他说："周董事长，这是一次枸杞品牌的较量，也是维护中宁枸杞的保卫战。你马上找律师去打官司，我们随后向上级领导汇报这件事，决不允许任何人在我们中宁枸杞上做歪文章。"从办公室出来后，又有几位中宁枸杞企业的老板一起向周金科诉说打压一事，一起声援支持周金科，下决心为打好中宁枸杞品牌保卫战。

几天后，周金科便做好了各种准备工作，并拿上工商部门注册的公司名称和产品获奖证书，直接到法院去起诉。但他没想到，法院的答复是模棱两可，并说这场官司很复杂，很难让对方改过认错。因为对方的一些做法也有合理合法的一面。周金科一时感到纳闷，这法官怎么能说这样糊涂的话。在法律面前，对与错的界线就像黄河两岸一样，北岸与南岸不能颠倒而语。北就是北，南就是南，方位是一锤定音、永久不变。为什么法官含糊其词、模棱两可。

回到家中，周金科将这件事讲给了来看望他的一位同事。这位同事认为：这件事的确在两可之间，案情也比较复杂。应当去找自治区的领导反映实情，通过领导来打消法官的某种顾忌。周金科不这样认为，他还是相信事实胜于雄辩，法律不会走偏。那位同事长叹一声，匆匆而别。周金科躺在床上想了半宿，决定再去打官司。但他没有想到，这官司一打就是几个月，仍然没有胜诉，却又有继续上诉的正当理由。就在加工枸杞最忙的时候，周金科仍然为打官司做准备工作。几个月后，再去找律师，再去找法官，又折腾了几个月，一时还没结果。他这才明白了那位同事的劝告，有的官司是一目了然，是非明晰；有的官司复杂难断，需要时间。而在解决后一种官司时，需要付出极大的代价和具有特别的耐心。同时，也可找到最信任的上级领导先去讨个说法。后来，周金科找到了自己最信任的一位区领导，汇报了他打官司的事。这位领导首先肯定了他保护中宁枸杞品牌的想法与做法是对的。但劝他不要再打这场官司了。因为，对方也是宁夏的品牌企业，也在为宁夏经济做贡献，理应保护。至于他们的一些做法，还需要调查清楚才能做出正确的判断。他同时希望他把主要精力放在事业上。周金科经过几天的反复思考，放弃了这场官司，而把全部精力放在枸杞上，全力提升品牌的质量和影响力。几年后，他研制的枸杞系列产品在博览会获奖。

每当回忆起这件事，周金科感慨万千。他对笔者说，一个人要想干成一项事业，必须学会冷静思考与合理宽容，学会选择方向与分配精力。遇到打官司的事，该打的要打，不该打的就要放弃。在一般情况下，还是注重把打官司的精力用在发展事业上，也许能得到的更多。也就是说，一个人和另一个人争夺一棵枸杞树时，可能杀敌一千，但也会自伤八百两败俱伤。而聪明的人，应该是弃树种园，能种成一块枸杞园，比争夺一棵枸杞树要好得多。人啊，真要学会背着智慧行囊赶路，才能真正达到惜福得福的至高境界。

第六节 建北街完成心愿　天道酬勤也酬善

在枸杞产业发展顺利时，周金科的心情平静了许多，内心也强大了许多。他开始从枸杞园里往回走。这里是一条从枸杞园通往街上的乡间小道，也是从田野通往他家里的捷径。他对这里的一草一木，一沟一坎都非常熟悉，包括每一家大门前都放的什么东西他都了然于胸。总之，他对这一片房屋有多少间，住户里有几口人，甚至几个男人几个女人他都了如指掌，因为他从小到大就生长在这个地方，对这里有着一份特殊的感情。这些高低错落、杂乱无章的房屋，占据了县城北街的一段主要街道，它与南街、东街比起来显然逊色多了。周金科望着这些低矮的平房、陈旧的老巷、冷清的市面和坑坑洼洼的道路，心潮起伏。尤其一到雨天，这条路就稀烂难行，常有行动不便的老人摔跤滑倒，轻则扭伤腰腿，重则骨折瘫痪。周金科走到这里一不小心也差点摔倒在地。记得有一年冬天下大雪，他刚出门就看见有个大嫂背着孩子上街打酱醋，一不小心滑倒摔了一跤，那位大嫂不但打破了酱醋瓶，还碰烂了孩子的头。现如今，那位大嫂痛苦的脸色和孩子的哭喊声仿佛又历历在目，猛烈地叩击着他那颗善良的心扉。在 20 世纪八九十年代，他为亚运会和贫困地区捐款 30 多万元，并且作为特邀代表参加了亚运会，这使他感到非常欣慰，总想再为社会做点善事。他曾默默地许过愿，等自己手头有了钱，一定帮乡亲们修油路盖楼房。对，他现在确实有钱了，也到了该实现这个心愿的时候了，他在心里暗暗筹划着一个给身处困境的乡亲们修路盖楼的计划。

　　一天早晨，正在屋里修改建筑图纸的周金科，被新来不久的县委书记一个电话传到了他的办公室。当时，县委书记给他端上一杯亲手沏好的热茶说道："老周，现在西部大开发风头正劲，咱们县上要跟上形势。县委决定要开发北街，有好几个开发商都想开发北街，可我听说北街那一片都是你们村里的地盘，你能不能挑个头，同时也动员一下乡亲们配合拆迁工作。"周金科听后忙对县领导说："乡亲们嫌赔偿费太低，而开发商收的预付款又太高，大多数人都付不起，所以都不同意，更何况大部分农民根本就没有那么多钱呀。"县领导说："那咋办？总不能影响城市建设不搞开发吧。"周金科见时机成熟，就把自己的方案拿出来对县领导说："你把北街开发的任务交给我们公司吧，我已经把开发北街的设计方案和图纸都做出来了，有些条件差的乡亲们预付款付不起，我先替他们代垫上，先把工程做起来，这样矛盾可能会小一些，你看怎么样？"县委书记一拍桌子说："好，我早就等你老周这句话了，不过目前县上财力还比较困难，资金上你就多想想办法，为了县政府也为了乡亲们，还是请你多担待一些行吗？"周金科兴奋地连声道："好，好，谢谢县领导的信任，我一定会尽力而为。"

　　数月后，周金科筹备了一笔资金，开始在北街组织动工修路、盖楼。乡亲们见了他都热情地打招呼。一位上了岁数的老人拉着他的手说："金科啊，你给乡亲们做了一件大善事啊。"周金科笑着摇了摇头说："这是我对乡亲们欠下的人情债，我今天就是给大家还债的。"是啊，他就是这样一个人，把乡情看得很重。

　　他要用自己的行动为乡亲们办点实实在在的事，他甚至不惜拆借了自己公司在枸杞生意上的流动资金投入到工程中。为了按质如期完工，早日让乡亲们搬入新居，他早出晚归，亲自把关，不容许在施工中有丝毫偷工减料的事情发生。

一年之后，两排豪华整洁的北街新村大楼终于矗立起来了，35户乡亲们，不论房款交够交不够，全部都高高兴兴地搬进了新宅。二、三楼两套住房平均200平方米，可供两代人住宿，一楼100多平方米门面房，用来做生意可以保证生活来源。周金科没有按照市场价给乡亲们算房钱，而是比市场平均价格低了1000多元。直到目前为止，还有好几户早已住进新楼的人也未交足房款。他知道大部分乡亲们是从内心里感激自己的，当然也有个别人嫉妒他，还阴阳怪气地讽刺他，他听后只是付之一笑，他觉得他实现了对乡亲们的愿望，这是对得起天地良心，对得起生他养他的中宁故乡的一件功德。就因为他良心安然、善结人缘，他的胃癌在专家大夫及家人的精心治疗和精心护理下，又奇迹般地康复了。他的孙子经常揪住他那两绺银白而且细亮的长寿眉自豪在说："我爷爷怎么跟电视上的老寿星一模一样。"的确，周金科现已活到高龄，依然神清气爽、思维敏捷、行动利索。他不但没有被癌魔击倒，反而成为人所共知的枸杞老寿星。

记不清是哪一天，一位得了癌症的中年人来跟周金科聊天，从中了解他的抗癌经。周金科跟他讲了自身的感悟。根据周金科的讲述，笔者为他做了归纳，主要是"四心抗癌"法：一要有素心。少想杂事，保持清净，尤其少想会使自己心烦的无用之事。二要有善心。多做善事，心情亮堂，这样会带来快乐，增加气场，便有了抗癌的能力。三要有宽心。把心态放宽，把病事放小，做人做事要有大量，就会减少许多压力。四要有信心。既要面对现实，又要坚强意志，在医生的护理下，勇闯难关，延长寿命。这"四心抗癌"法也许不是万全之策，但这的确是周金科的真实体会。他说过一句非常经典的话：癌症像弹簧，你弱它就强。

第七节　种枸杞两渡难关　守初心志向不变

这是一个雪花飘飘的冬天，周金科参加了一次中宁县枸杞产业发展座谈会。座谈会上，县领导讲述了一个真实的现状：作为国务院命名的全国唯一的枸杞之乡中宁县，枸杞总产量增高，深加工产品增多，出口量增大，但枸杞质量和加工品质却存在着很大的忧患。尤其是出口到国外的枸杞产品，过质检关都很难。如何生产出更上一层楼的枸杞优品，已是枸杞之乡历史性的重大使命。希望大家就这些问题谈一下个人的意见和建议。与会的各位领导、专家学者、企业精英、商家大腕，大多都慷慨激昂，纷纷表态，一定要发扬愚公移山的精神，再次振兴中宁枸杞，让全世界对杞乡刮目相看。周金科一言未发，默默地走出会场。行走在中宁街头，他心中的思绪如黄河波浪难以平静。

他一言不发，有他的真实苦衷。为了圆好"枸杞梦"，他蒙冤坐牢，舍命抗癌，生意场上也赔过钱，还受过某些人的嫉妒和嘲笑。其中的辛酸事一言难尽。他心里明白，现在要提高枸杞产品质量，必须从源头做起，在科学种植上狠下功夫。有的茨农并不是不想种有机枸杞，而是花费精力大、成本高、价格低，甚至有赔本的情况。另外，种有机枸杞本身还有许多技术难度，处理不当就会前功尽弃。而他亲自去种有机枸杞，又有费力、赔钱、损失名声等多种风险。回到家中，他又一次看到了他参加全国劳模大会的照片，一股暖流又在心中升腾。他抚摸着照片，像是在抚摸着自己的良心。这虽然只是一张照片，但在他心里却有千斤重。这是一种勉励，是一种信任，更是一种使命。作为劳模，就要不负众望，该吃亏必须吃亏，该付出必须付出，该牺牲必须牺牲。过去的荣誉是一种历史，只有创造新辉煌，才能体现劳模的真正品格。他为什么不在座谈会上发言，这里还蕴含着他的做人个性：不说虚话，不说套话，不说大话，更不说假话！不说不等于不做，而是看准了，坚决去做。他这一生就是这样一个倔强的性格：少说多做，不说也做。绝不做说话的巨人，行动的矮子！

　　一个多月后，他在康滩乡的一个村子里包下了300亩枸杞地。由他统一管理，组织农民进行种植和帮助收购。但因不利于管理和晒果，周围农户的猪圈影响了晒枸杞的质量。他又雇上推土机，推掉了一块旧砖窑地，出钱盖起了20多个枸杞大棚，每天步行往返几里路，不分白天黑夜地操心。种有机枸杞是精耕细作的农活，这里要渡过21个环节：一是选地与整床。苗圃地的选择直接影响苗木的产量、质量、育苗成本和移栽的成活率。应选择土壤肥沃，排灌方便的砂壤土。苗圃地选定后，翻地20～25厘米，施足基肥，灌水浸泡。来年春天及时清除杂草，打埂做床。二是育苗。选种：一般选择籽粒饱满、储蓄期不超过两年，生命力强，发芽率高。无性繁殖育苗：又称器官育苗，利用枸杞硬枝扦插苗、嫩枝扦插苗、根蘖等方式育苗。分蘖繁殖：分蘖繁殖注意3个技术环节，首先是上一年秋施肥必须挖穴深施，并挖断一定的根系；其次是当年早春下旬须浅翻春园；最后是根蘖育苗在品种优良的枸杞园进行，移栽时将母根段"T"形根要带上。分根繁殖：在11月或次年3月中旬，将母株附近萌芽发生的幼苗连根挖出，假植于沟中，至4月上旬栽植，栽植后要将穴土踏实，并灌足水。三是种子苗管理。苗高5～10厘米时，按株距5厘米左右留强减弱。一年进行2～3次，结合间苗除草松土。

苗高 8～10 厘米时，采用 10～15 厘米株距定苗。苗木培育期施肥 2-3 次，灌水 4～5 次，苗木生长后期控制灌水。苗高 20～30 厘米时及时剪去苗木基部的侧芽或侧枝，保留距离地面 45～60 厘米的侧芽。当苗高达 60 厘米时要及时摘心控制苗高生长，培育出第一层侧枝。5～7 个月，易发虫害，用高效低毒农药防治。四是无性繁殖苗管理。嫩枝育苗扦插后，每天喷水 4～5 次促苗生根；硬枝扦插育苗待插穗发芽后及时破膜；随后做好施肥工作，及时摘心，修剪侧枝，增加主干的支撑力。五是苗木出圃。春季在 3～4 月间起苗，秋季在落叶后、土壤封冻前；起苗时要求保持较完整的根系；起苗后，如不能及时栽植或包装调运应立即假植。六是园地规划。枸杞园应方便种植管理和运输；栽植不宜带病的树种；应建设林带、排灌系统，以及相关的设备厂房。七是耕作。春季翻晒在 3～4 月，秋翻在 8 月下旬采收结束时进行；中耕除草并拍平地面，以便于采果。八是栽植密度。传统的小面积分散种植、人工田间作业多用株行距为 2 米×2 米，每亩地栽植 107～167 株。为提高产量，有 1 米×2 米，每亩栽种 22 株。九是移栽。栽植时间一般在土壤解冻后，枸杞苗木萌芽前进行，绿枝活体苗可在 5 月上旬选择阴天定植，定植后及时灌水，或进行遮阴 7～15 天。选择良种壮苗栽植，对刚从苗圃起出的苗木，将苗根茎萌生的侧枝和主干上着生的徒长枝剪除，将根系的挖断部分剪平，利于成活。十是修剪。修剪是枸杞栽培的一个重要环节，科学合理的修剪可以提高枸杞的产量。枸杞整形修剪应以培养巩固充实树形、早产、丰产、稳产为目的，遵循因枝修剪，随树造形的原则，按照"打横不打顺，清膛抽串条，密处行疏剪，稀处留油条，短截着地枝，旧梢换新梢"的方法完成修剪。十一是施肥。基肥以油渣、羊粪或大粪为主，同时兼施牛马猪粪、炕土及氮磷复合肥等，在冬灌前施入。十二是灌水。枸杞既喜水，又怕水。既要勤灌、浅灌，保持枸杞园土壤湿润，又要防止大水漫灌造成积水。全年灌水 8～10 次。一般 4 月下旬灌头水，

7～10天灌二水，以后每隔10～15天灌水一次。十三是病虫害防治。在枸杞生产季节的管理中，病虫害防治占到防治工作的三分之一。要想实现安全、优质高产的目的，关键取决于病虫害的防治水平。枸杞树虫害主要有危害叶片的枸杞灰斑病，危害果实和叶片的炭疽病，危害根茎部的枸杞根腐病，成虫和幼虫均危害叶片的枸杞负泥虫。传统的防治虫病害的方法有摘除蛆果深埋；秋冬季灌水或翻土杀死土内越冬蛹；在春季灌溉松土，破坏枸杞负泥虫越冬场所，杀死虫源。枸杞生长期治理害虫的主要办法是在枸杞园里灌满水，用木锨铲田里的水泼枸杞树，将虫打落到水田里淹死。十四是整形。整形是通过剪截培养丰产树形。修剪是在整形的基础上，为继续保持优良树形和更新结果枝而采取的剪截措施。十五是采摘。枸杞属年度生育期内连续开花结果的植物，根据结果的载体不同，即结果枝二年生枝、当年发春枝和秋枝的不同，分为春果期、夏果期、秋果期，实际采收期为3个月左右。当果实由青绿变成红色或橘红色，果蒂、果肉稍变松软时即可采摘。十六是枸杞加工要领。晒干法：把鲜果薄摊在干净的晒席上，以枸杞果互不重叠为度。前两天以强烈阳光暴晒，中午移至阴凉处晒1～2小时，避免整天暴晒二成僵籽。第三天后，可整天暴晒，直至干透。烘干法：烘干主要应掌握好温度，分3个阶段进行。首先在40～45℃条件下烘烤24～36小时，使果皮略皱；其次在晾晒后第二次在45～50℃温度下烘烤36～48小时，至果实全部收缩起皱；最后以50～55℃继续烘24小时即可全干。干后的果实除净果柄、油籽、僵籽、灰屑等杂物，贮于干燥、通风处，防潮、防虫蛀。十七是枸杞鲜果采收标准。成熟的鲜果果色鲜红、表面光亮，果肉变软、富有弹性；果蒂松动，果柄宜脱落。但实际生产中，一般当果实的成熟度达到八九成时适合采摘，采收后到干燥这个过程为后熟阶段，正好达到上述标准，晒制出来的干果品质最好。十八是采收时间与方法。春果9～10天采一次，夏果5～6天采一次，秋果10～12天采一次。采摘过程中，为防止挤压破损，生产中总结出了"三轻"（轻采、轻拿、轻放）、"二净"（树上采净、地上拣净）、"二不采"（未达成熟度的不采、早晨有露水的不采），采摘的鲜果不带果柄、叶片，盛果筐以 8～10 千克的容量为宜。十九是晾晒。枸杞鲜果表面有一层蜡质层，直接晒历时长，遇阴天易变霉，因此在晾晒前，一般用油脂冷浸液或烧碱水浸泡 1 分钟左右，将表层的蜡质层分解掉。浸泡后的鲜果铺在用芨芨草或竹子编制成的果栈上均匀铺开晾晒，厚度 2～3 厘米，铺好后放在通风好的阳光下，果栈四角用东西垫起进行晾晒，以利于通风。枸杞在晒干之前不能翻动，如遇阴雨天气，确实需要翻动，只能用小棍从栈底进行拍打。晴朗的天气条件下，一般需要 3～6 天便可晒好。二十是贮藏。枸杞贮藏主要注意的问题是防潮，晒干程度不够的枸杞容易变质和生虫，密封不严的枸杞，容易吸收空气中的水分，易回潮霉变和生虫。因此，制干后的枸杞贮藏最重要的手段是密封防潮。以前没有塑料袋时候的传统储藏方法，主要用瓷坛和陶坛盛装干枸杞密封；现在的储藏方法是用干燥、清洁、无清、无污染、无破损、不影响质量的塑料制成的包装物装袋密封，常温下贮藏或低温冷藏。二十一是中宁枸杞的传统生产工具。采摘使用提筐或提篮；脱蜡使用大中型盆类器皿；晾晒制干使用果栈子；取果柄、叶等杂物使用风车、簸箕；防治病虫害使用水掀子。

经过周金科和村民的共同努力，有机枸杞园试种成功。这时又出现了一件麻烦事：有人发财心切，居心不良，把他辛辛苦苦搞起来的枸杞棚进行破坏，偷走东西，还有人在水里掺化肥，往他的枸杞园里连夜浇灌。周金科看着残棚和被伤害的红果子，不由得眼冒金花、双手发颤、浓眉颤动，望着乌云翻滚的天空，许久说不出一句话来，眼泪在眼眶里打转，但不流下来。

傍晚，回到家中，妻子端上了香喷喷的米饭和美味可口的红烧肉，周金科二话不说，低头猛吃。妻子已经听人说了这件事，也知道周金科的犟脾气。遇事能生气，干事不泄气，有时发脾气，心静能憋气。就像那犁田的老黄牛，鞭子猛抽有骨气。她摸准了他的脾气，一不怨，二不劝，三不扯闲谈，让他醒醒脑子睡一觉，天亮后便日出云散。她吃完饭，给他泡上一杯茶，便悄然离去。周金科刚端起茶杯，从门外走进来一位老乡，也是枸杞产业的同行。说是来给他献计策。周金科给他泡上茶，一块闲聊起来。这老乡开门见山，滔滔不绝："我说周总呀，你是咱杞乡的领头羊，已经为枸杞产业立了大功，出了大名，挣了大钱。这次在康滩种枸杞受到损失，并非你一人之过。而是这里的经营环境不行，枸杞行业也到了红三年，黑三年，不红不黑又三年的节骨眼上了。看看你的周围，有的人没有你名气大，没你实诚，也没有你脑子好用，更没有你的好人脉，但人家抛掉枸杞行业，干房地产，钱比你多，名头比你响，还混了个一官半职。人家儿女都是落魄的乌鸦登高枝，攀上官亲家了。凭着你的本事和人脉，赶快转行搞房地产，一定发财更快，准保成为中宁首富。你知道吗？现在有人讲，钱是衡量一个人的唯一价值。有钱能使鬼推磨，有钱干啥都红火，这已经是铁板钉钉的事情了。"言罢，这老乡喝了几口茶，直接摊开正事："我已经找到了一块地，但报批太难，竞争又激烈，只要你出面给上面的大领导送个礼，说上话，咱俩联合大干一把，像你一样赚个几千万。"周金科给他续上茶道："你的好意我领了，让我想一想再回复你。"送走这位老乡后，周金科躺在床上思考着，往事像电影一样在脑海中上演。两种思想不断斗争与抉择。他看到了柜子里自制的杞皇酒，想起了乡亲们喝酒的高兴样，毅然决定继续干。天亮后，他又去找县上领导，想在东华乡再搞350亩有机枸杞园。他的想法得到了县领导的帮助，又得到了大儿子周佳奇的坚决支持，便在东华乡再次种植有机枸杞园。承包期12年，每亩年租金800元。其间，不论刮风下雨，不管春夏秋冬，周金科都要操心。有一年，又发生了一件大事：病虫害泛滥。由于过去是各家农户分别种植，没有形成良好的隔离带。加之七月天闷热，各种病虫害应时而生。这些病虫害，就像是凶残捕食的有灵之物，借着风向，结队成群，从其他农户的田野扑向这块绿色枸杞园。它们牢牢地攀附在树顶，吸汁、腐叶、伤果，像一层密网罩住了树，使之好端端的红果子树变成了害虫树。周金科心急如焚，先从四川购药，安排了十余人背着喷药器到处打虫。几天后收效甚微。有人劝他放弃，听天由命。还有人劝他上香拜佛，请神消灾。他一挥手道："我不信这邪！"他又组织展开了一场"救茨行动"。他先从其他处购药，再次组织扫虫队二次扫除病害，经过几天的紧张战斗，终于战胜了病虫害。那鲜红亮丽的果子又在枝头上挂串展颜。一位精细的摄影家拍下了这一镜头，使周金科的绿色枸杞园声名鹊起。

历经 12 年的艰辛经营，这块绿色枸杞园产出总计 600 多吨，产品上市后得到了商家的认可，自制的杞皇酒进一步提高了品质。

第八节 讲诚信生意兴隆　枸杞王商海有名

有一天下午，周金科又做出了一个大胆的决定，他想将农民的优质枸杞，按高于市场价格百分之五的价格统一收购，这一行为得到了广大茨农的强烈拥护。枸杞原料的标准化解决了，他又到北京、上海等地联系做设计产品包装。经过几个月的连续攻关，新的杞皇酒在人们的期待下，终于摆上了餐厅的桌面，周金科设宴邀请了几位行家前来品尝鉴赏。彩灯下的那瓶酒，远远地看是一瓶高档洋酒，细一看是一瓶精致的杞酒。瓶的弧线之优美，磨砂颜色之柔和，瓶花凹凸质感明显，不但琥珀色优雅明净，杞香味纯正绵厚，而且礼盒包装大方漂亮，酒瓶呈绿中透红，彰显出皇家气派，完全可与正宗的洋酒相媲美。一位专家刚打开酒塞，就被那纯正的原液发酵香味给沉醉了。他举杯请大家一起品尝，果然得到了大家对新杞皇酒不同凡响品质的一致称赞。杞酒入杯，透过杯身可以看到杞酒晶莹透亮，杞香袅袅，犹如王母娘娘的玉液诱人入口，又似玉皇大帝的琼浆滑润缠绵。入腹后令人浑身微热而大脑清爽。一位专家喝了酒后像诗人一般手舞足蹈地夸赞道："杞皇、杞皇，果然富丽堂皇。真是南有茅台，北有杞皇，名不虚传啊"。周金科笑道："我们的杞皇酒不敢与茅台酒相比，但我相信，它的确是上好的枸杞养生酒。"

俗话说"酒香不怕巷子深。"几天后，杞皇酒就被点名上了县政府的招待宴。许多好酒者自然也不放过赶时髦的机会。有一天，有个大记者慕名采访周金科。正赶上周金科去了省城，妻子王代英接待了他。记者告诉她，杞皇酒经过他的宣传和包装后一定可以上中央电视台，很快就能火起来。王代英实话实说："我们的杞皇酒不用做太多的广告宣传，你想写就实事求是地写一点也行。"临走时，记者提出要买两箱杞皇酒去做宣传用。王代英没有理解记者的意思，笑着对他说："你也别买那么多，反正在这里买跟在市场里买一个价，要不我先送你两瓶尝尝，要是真的好喝你再来买也不迟。"说着，就从箱子里抽出两瓶酒双手递上。没想到这位记者的脸上竟然露出尴尬之色，抱着酒低头走了。后来人们没有看见他在任何报刊和电视上写过一个宣传杞皇酒的文字，反而在背地里对人就说："这周家人也太抠了，难怪他们的酒火不起来，他们不懂得人情投资啊！"

说起人情投资，还有两件事情在周金科心里激起了波澜。那是 2005

年春，他的酒厂刚刚建起。决定首先从原材料的质量抓起，便在万亩枸杞园里选出三百亩好枸杞园作为杞皇酒的生产原料基地，由他包供优质化肥和有机农药，所产枸杞子也由他负债收购。这样做，也为茨农的利益着想，每年为农民投入到枸杞园的有机肥、农药就达二百多万元，这是一个多大的人情啊！然而令他没有料到的是，收购时，有些利欲熏心的人竟然将大粒枸杞事先拣出来偷偷卖给了别人。更有甚者，在施药时贪心太重施肥过量，导致枸杞花叶脱落减了产，反而把他告到了县上。为了确保杞皇酒的生产质量，也为了不与农民闹翻，他忍气吞声为这些茨农赔偿70多万元之多。第二年，为了防止蚊蝇等污染以确保枸杞晾晒的质量，他又投资40多万元在枸杞园附近搭起一百多个塑料晾棚。没想到被一场突如其来的大风将大棚掀翻，农民们不但不去保护反而将钢筋屋架哄抢一空。善良老实的周金科不仅大棚投资血本无归，还为因病亡故的看棚人买棺木进行了安葬。

在耗时两年的绿色枸杞基地建设中，周金科付出了太多的感情投入，也付出了太多的资金投入。他的杞皇酒始终坚持原生态发酵的原则迟迟不肯推向市场，而是仍然在一步一个台阶地改进和完善着，他那原生态的高品质杞皇酒犹如待阁出嫁的美女，越来越受到区、市、县领导和有关部门的青睐。年终评选劳模时，由于一些农民因农药事件而闹事的误会，使有的领导不愿向上推荐他，对此周金科有些伤感。他在和县上一个领导汇报工作时说："赔钱对我来讲虽然很痛心，但令他更痛心的是一片良苦用心得不到人们的理解。"在一次酒会上，有人端着酒杯曾这样对他说："老周呀，你别不服气，现在是市场经济，不能搞赔本经济，即便是评劳模，也还是要看经济效益。"而另一位老朋友则毫不客气地夸赞道："老周呀，你可是中宁县枸杞产业的领军人物，这些年你为了帮助县上把枸杞产业做大做强，为了保护中宁枸杞的品牌地位，为了能让人们喝到真正的原生态枸杞酒，你放慢了发展的步子扎稳了做品牌的架势从头做起，遭受了巨大损失也遭受了许多不公正待遇，可是你仍然在坚持着，而且身体也越来越硬朗。还听说你帮助过的贫困农家不下百人，光各种社会捐资就达百万元之多，在你扶持下的小老板目前也有几十个，有的比你创业迟，人家资产都挣到了数千万甚至超过了你，你对中宁的贡献中宁人是不会忘记的，你就是好人有好报的一个例证啊。"

是的，好人应该有好报！

周金科挺直了身板，昂首迈出了宾馆的大门。这又是一个秋天的傍晚，周金科在滨河大道上散着步，夕阳的余晖拉长了他颀长的身影。轻轻的秋风，吹拂着他银白的头发。他的思绪，就像这黄河水轻轻地翻腾着；他的脚步，就着那黄河一波又一波的浪潮向前移动。他的脑海里又出现了过去先贤们创业维艰的一幕幕画面，第一个寻找火种的祖先，不正是靠着无私的献身精神给人类带来了光明吗？这使他在人生修炼中，又上了一个新台阶，献身精神不仅是美德，也还是一种智慧。山因挡风成美景，水因行船皆有情；花因结果而美丽，人因奉献而高尚。这是道法自然的又一禅韵。

第九节 恩爱夫妻六十载 牵手同行渡难关

2018 年的冬天，笔者与周金科再一次进行了访谈。谈到他的夫人王代英，周金科充满深情地说："在我这一生中，她是我家庭和睦的福星，是我事业成功的吉星，也是我广结善缘的亮星。她跟着我吃了很多苦，受了很多难，付出了超越一般女性的劳动代价。既是贤内助，又是贤外助。说实话，以她的素材写一部电视连续剧，也许能火一把呢。"

根据他的回忆，和其他人提供的素材，笔者将王代英帮助丈夫的美德归纳为"八助夫"。

一助丈夫理好家务。从结婚的那一天起，王代英就走出新房到厨房，担负起多半的家务，做饭，洗锅，打扫卫生，购物置家，从早忙到晚。一开始，她做饭菜不十分熟练，就自个儿琢磨着做。她现在70多岁了，身体有病，但还会硬扛着去帮厨。在多年前，家境最困难时，她自己种菜自己吃，从来不给家人添麻烦。50年的家务活，几乎耗尽了她的心血，给周金科解了后顾之忧。

二助丈夫当好孝子。周金科是有名的杞乡大孝子，而王代英是默默无闻的孝儿媳。周金科宁可放弃考大学的良机，也要回家替母亲承担家务，分忧解愁。王代英尽管受过婆婆的指责，流过委屈的泪水，但她擦干眼泪后又接着孝敬婆婆。老婆婆有病，大小便不方便，王代英给买了瓷盆子。有一次老婆婆闹肚子，一下子把屎喷到了炕墙上，王代英用柴刷干净。为了不让婆婆恶心，她放到自己睡的那个坑洞里把擦了屎的麦柴烧掉。看到妻子如此有孝心，周金科深受感动，他对母亲更加孝敬。在他现在的办公室柜子里，仍然安放着父母亲的遗像。

三助丈夫育好儿女。周金科夫妇有六个儿女。他和妻子长期相处，有过矛盾，但更多的是化解矛盾，心心相印，努力做到"六个一"：一对儿女的教育理念基本一致，给儿女购物送礼的心态基本一致，对儿女的工作要求标准基本一致。一定教育儿女想做事，做好事，做成事，不出事，留好事。有时，周金科在教育儿女中言辞过于偏激，王代英先是支持丈夫严管子女的态度。同时，又给儿女做工作，正确理解父爱。偶尔遇到不顺心的事时，周金科会对儿子大声呵斥，王代英从中做好调解员，成为父子之间的"救火员"。还有一次，周金科一只心爱的手表丢了，儿女们知道这是父亲在美国买的纪念品，丢了非常可惜，儿女们商量了一下，凑钱给父亲买了一只最好的手表。看到儿女如此孝敬，王代英还特意做了一顿美餐，感谢儿女们的孝敬之心。

四助丈夫带好子孙。周金科有9个孙子孙女。这些孙辈们，从小就受过爷爷与奶奶的良好呵护与家教。几年前，大孙子要出国读书，周金科既高兴，又担心。高兴的是孙子能开阔眼界，学习新知识，经受中西文化的洗礼，将来长大了传承周家大业，说不定还能为枸杞走向国际市场奠定基础。担心的是孙子还小，离开父母在外独立学习与生活，需要独自渡过很多难关。同时，也会让他老两口常牵挂。尤其是王代英，更舍不得孙子出远门。一个冬天的早晨，他在家里与妻子说起孙子好事，没想到妻子非常善解人意，坚决支持他的想法。这时，一个孙女儿前来送早餐，刚到家门口就大声叫喊："爷爷，奶奶，快来呀，我的手冻了！"说着，小燕子般地扑进奶奶怀里。奶奶接过早餐，一边给他捂手一边说："好孙女，先让爷爷吃早餐。"孙女顾不得手冻，给爷爷双手递上热气腾腾的早餐，声音如蜜甜润："爷爷，快吃呀！趁热吃呀……"周金科的心里流过一股热流，高兴地搂着孙女的直夸赞。同时，又看着妻子那种乐呵呵一笑的神态。也就是在这一刻，更加坚定了周金科送孙子出国读书的想法。他先后把两个孙子送去国外读书，在王代英的支持下，周金科每年为两个孙子在留学上支付近百万元。而他和妻子，穿的是布鞋，吃的是素菜，生活十分节俭。

五助丈夫渡难关。综观周金科的一生，大大小小的难关有很多，最主要的有九关：家贫如洗，失学回家，成分受压（他家成分是富农），蒙冤坐牢，白手创业，受骗失财，品牌打压，得癌闯关，积善受挫。每到难关时，妻子曾伤心落泪，时有绝望，但不弃不烦，鼎力相助，牵手同行。他蒙冤坐牢时，她背着孩子，提着饭盆来探监；面对那些冰冷的脸孔，她不屈服，她的眼泪哭干了，但一颗为丈夫跳动的心长久不息。

他得癌症时，妻子守在病床前，端水送饭，用一双坚强的臂膀，支撑起家中的一片蓝天。她与丈夫的情感永不分裂，生生死死亦相随，无怨无悔伴一生。活着，是一对生死相依的人。死了，是一对相连的枸杞枝。

六助丈夫创新业。屈指计算，周金科从做第一单枸杞生意起，迄今创业 60 年。现有一个工厂，一个宾馆，两个营业大楼，以枸杞产品结缘消费者上亿人，累计资金几亿元，上税几千万元，解决就业上千人，善助乡亲上万人，受过各种奖项 200 余项。在这一摞摞的功劳簿上，支持他创业的第一个家人就是妻子王代英。那创业的良策，首先来自于妻子的聪慧耳语。那工厂的设计图，首先闪动着妻子的明亮目光。那远去的一箱箱枸杞酒，首先承载着妻子的美好品德。那回笼的一张张人民币，首先经过了妻子的妙柔手指。那满墙的奖状，首先融进了妻子的点滴汗水。那些三代同堂品尝杞皇酒的幸福照，首先展露的是妻子微笑的脸庞。周金科上台领奖有一百多次，妻子却没有领过一次。他连续戴过八项"官帽"或"荣誉地位帽"，妻子没有过一次。她从不计较，从不埋怨，从不抢镜头。她说，男人是山，女人是河。河流滋润着名山，但不要抢占最红火的风景。

七助丈夫结善缘。周金科算过一笔账，他的国外消费者群数以百计，国内消费者群数以千计，接待记者采访或学者专访数以万计，接待领导参观和其他人现场观摩，无可计数。有时，一天接待的领导干部、商界精英、记者朋友和专家学者，高达 400 多人。他出国 6 次，考察市场，一天结缘的人最高曾达 30 多人。在很长一段时间里，都是"夫唱夫随"。有一年，他和王代英一块随团出国去考察市场。到北京时，他旧疾复发，不能前往，但又不能耽误这千载难逢的良机。王代英找到大夫，将他安置在北京中日友好医院治病，她一人随团出国。回来后，又给他讲述出国的实况，让他掌握更多的信息。两人在北京住了一个多月，治好了他的病，马上又返回中宁枸杞加工。有一个年轻人对他开玩笑地说："周叔呀，王阿姨不仅是最好的贤内助，这是你的贤外助呢。她出国考察，行为举止都有分寸。讲起国外的故事眉飞色舞。说实话，你周叔是茶壶里装饺子，有货倒不出来，可王姨是铁锅炒蚕豆，又会选好豆子，又会炒好豆子，还能卖好豆子。她真是精明得很呐！"周叔憨厚一笑连续摇头："那是，那真是！"

八助丈夫度好晚年。近几年，周金科仍然坚持上班，身患重病的王代英仍然为他帮厨做饭，整理衣服。记得有一次，她得了重病，她的四姑娘生孩子刚过百天，婆婆来看望她，戴了四双手套，四层口罩，娘俩在医院里抱着哭，真有点生离死别的样子。经过精心的护理，王代英的腿渐渐能动了，但至今还留下了后遗症。晚年时，王代英带着病，仍然照顾周金科的生活。

有一次，笔者与王代英进行家访式的聊天。笔者总结了她"八助夫"经验之后，幽默地说了一段顺口溜："女人对丈夫好，要做到：丈夫热了递扇子，丈夫晾了递毯子，丈夫饿了送筷子，丈夫渴了端杯子，丈夫累了解扣子，丈夫乐了递帽子，丈夫病了盖被子，丈夫醉了脱鞋子。"王代英笑着问："好丈夫怎样待妻子？"笔者又说："年年创路子，月月挣票子，天天爱儿子，才能结伴同行过上好日子。"这虽然是幽默调侃，但也是对周金科、王代英夫妇的真诚赞美。他们的爱情故事，虽然没有江南才子佳人的美妙浪漫，却有杞乡人的真实质朴。就像一棵枸杞树，不及牡丹高贵，但果实累累，造福人间。

在告别王代英时，她说了一段话："我娘家祖祖辈辈传下100多口人，没有一个不务正业的，没人做过坏事，没有随便得罪人，都是本本分分做人，老老实实做事。因此，我6个儿女，9个孙子孙女，非常有教养、有礼貌，这里面主要有家族血脉传承的魅力。"笔者又刨根到底问了一句："你对周叔为什么用情专一呢？"他一笑说："人心换人心，铁桶能变金。老周他是一个大好人啊！"听后，笔者对她肃然起敬，走出周家后，独自思忖，在中国千万个家庭中，曾有多少悲欢离合的故事，而周金科这一对夫妻，却能一生携手共渡难关，走过晚年，继续创业，其中的故事如枸杞树叶繁多，其中的酸辣苦甜又是一言难尽。但他们给我们留下了一个最宝贵的经验：善人相爱，一生平安；好人携手，缔造良缘。

第十节 周佳奇承上推下 克难关再展宏图

2019 年元旦前夕，笔者顶着冰冷的寒风，走进了中宁枸杞产业发展股份有限公司的办公室与生产基地。这是笔者目前所见到的中国枸杞产业最有枸杞文化气息，最具枸杞生产与研发功能，最重视人才团队建设的红枸杞品牌平台，能让人耳目一新。这里虽然占地约 200 多亩，但已经具备了中宁枸杞中心点，宁夏枸杞推广点，中国枸杞最亮点，世界枸杞发源点的许多现实条件与未来潜质。笔者即兴赋诗："放目天下红宝景，最有此地显神韵。一粒枸杞两代情，妙融朝霞铺寿程。"

笔者参观了整洁的生产车间后，踏进了周佳奇的办公室。周佳奇是周金科的长子，1972 年 11 月在中宁降生，1993 年 7 月毕业于中央民族大学经济系会计专业，1994 年随父进了枸杞产业的创业大潮，先后任宁夏红枸杞商贸有限公司法人及总经理、宁夏弘耘行生物科技有限公司法人及总经理，中宁县枸杞商会会长，中宁县枸杞产业协会会长，中宁枸杞产业发展股份有限公司董事长、中宁县人大代表等职,荣获"优秀厂长、经理""优秀五四青年""先进工作者""优秀枸杞营销户",中卫市十佳电子商务先进个人、宁夏第二届"遵纪守法好公民"等光荣称号。

《宁夏日报》2018 年 6 月 15 日刊登了本报记者周宏、周青题为《一粒红枸杞,父子两代情》的整版佳文,记述了周金科、周佳奇父子情系枸杞产业的历史足迹。现摘录部分文章:

出生于 1972 年的周佳奇从小就在红红的枸杞堆里长大。

1992 年,邓小平同志发表南方谈话,标志着中国的改革开放和现代化建设进入一个新阶段。当时在中央民族大学上学的周佳奇和所有同时代的大学生一样,雄心万丈、倍感振奋!

1993 年,以优异成绩毕业的周佳奇从北京回到了中宁,在周金科的安排下,到公司当了一名会计。"当时公司是家族企业。我就什么都干,既当会计,也当文秘,既出去收枸杞,也出去卖枸杞。可我觉得我和父亲的思想观念不一样,就是想自己闯一闯,不想再跟随着父亲的步伐就这么走下去。"周佳奇说。

看着儿子决心已定,周金科二话没说,同意周佳奇自己闯荡。

贩卖羊绒,开加油站,做房地产开发……彼时,新一轮改革开放热潮如火如荼,和当时许许多多年轻人一样,周佳奇在市场中跌宕起伏,既有上当受骗的痛苦经历,也有紧抓时机赚得钵满盆满的春风得意。从21 岁到 35 岁,在自己的领域,周佳奇获得不俗成绩。尽管与红果有着千丝万缕的联系,但周佳奇觉得自己肯定不会再步入枸杞行业。

转折点发生在 2007 年 1 月,中宁县枸杞商会挂牌成立。既看中周佳奇的商业头脑,也看中周金科的家族传承,大家将周佳奇推选为商会会长。

"中宁枸杞的大旗需要这么一个人扛起,你能不能扛得起来?"昔日的"枸杞大王"周金科看着自己这个倔儿子,语气深沉。实际上,周佳奇闯荡市场这么多年,周金科一直在帮他做最后的定夺。

"突然觉得自己身上真正有了担子，有了责任。这是以我爸爸为代表的老一辈枸杞人的一种信任，更是一种寄托。"周佳奇说。也就是从那一年起，周佳奇开始循着父亲的足迹，投身到中宁枸杞事业中去，弄潮枸杞产业的黄金十年。

2007年，中宁枸杞利好不断：枸杞产业被定为自治区优势特色产业，各级政府给予产业多方位的支持。可中宁枸杞人也普遍遭遇事业瓶颈：巨大的市场带来巨大的需求，但由于资金积累不足，导致中宁本地枸杞商人无法做大做强，枸杞定价权被外地人垄断，好枸杞卖不上好价格，外地枸杞以次充好给"中宁枸杞"品牌抹了黑。

这不是一个人，一家公司的事，这事关中宁枸杞生死存亡。

"要想保住现有市场，拓展新兴市场，就要提高枸杞品质，把有机枸杞加工企业联合起来闯市场。"周佳奇决定以商会之力，为枸杞产业引入金融"活水"。

多年的打拼，让周佳奇与银行有良好的合作关系。他与农业银行中宁支行联系，由枸杞商会进行担保，2008年，为商会会员贷款260多万元。当年，所有会员按时还款，在银行方面树立良好的信誉。

2009年，1个亿的资金注入300多家商会会员。有了大量的资金的扶持，中宁枸杞的生产规模再次进入扩张期，枸杞产业链不断完善、延伸，附加值再次企稳并逐年上涨，成为富民"红宝"。

多年来，由枸杞商会累计为商会会员担保枸杞收购专项贷款达7.8亿元，会员间相互融资2.6亿元。同时，周佳奇将宁夏红枸杞商贸公司与早康枸杞公司、杞乡生物制品公司等枸杞加工企业和流通大户组织起来，联合成立了中宁县杞源枸杞专业合作社，在短短两年时间内，建立起枸杞生产基地1.5万亩，带动服务农户8000余户，一个"龙头企业+市场+合作社+基地+农户"的经营模式逐步形成，中宁枸杞变"单打独斗"为"联手抱拳"，实现了专业化生产、规模经营、市场化运作，为茨农们走向市场、企业联手合作，组建"航母"出海夯实了坚实基础。

市场总是多变。2016年至今，枸杞再次迎来了价格低谷。枸杞产业，再次站到了十字路口。

自治区出台《再造宁夏枸杞产业发展新优势规划(2016—2020年)》，明确要以市场需求为导向，以创新驱动为支撑，以机制创新为突破，延伸产业链，增加附加值，全面提升宁夏枸杞产业发展水平和市场竞争力。到2020年，枸杞产值达到300亿元，加工转化率达到20%以上。

周佳奇则带着商会，从田间地头到工厂车间，去推动这一产业的转型。

宁夏枸杞作为药食同源的枸杞佳品，是唯一载入新版《中国药典》的枸杞品种。"宁夏枸杞看中宁，下一步，中宁枸杞应该走向医药渠道。"周佳奇认为。

眼看着家族企业式的管理模式已经不适应现代企业的发展需求，周佳奇决定成立新公司。李蔚，进入周佳奇合伙人的名单。曾经是教师的李蔚，辞职后开始独立创业，在医药行业打拼，先后做过药品代理、医疗器械生产等。

李蔚认为，伴随着人们生活水平的提高，养生中药产品一定会成为中医药产业中最具潜力的品类。2012年，他创立"东方慧医"品牌，汇聚行业人才开创养生中药领域动销第一品牌。2017年，李蔚收购江苏华康中药饮片有限公司和济南绿色中药饮片有限公司。

李蔚有着销售渠道和资源，周佳奇则是枸杞种植、加工行业专家，两人一拍即合。去年年底，两人联合另外8位当地能人一起入股，成立宁夏中宁枸杞产业发展股份有限公司，是一家轻资产，重现金流全资股份制公司。

同时，在各级政府的支持下，周佳奇带着商会成立枸杞俱乐部，举办专场推介会、恳谈会、主题沙龙……

《中国药店》出品人吴开华来了，漱玉平民大药房连锁股份有限公司董事长李文杰来了，河南张仲景大药房股份有限公司总经理杨明江等医药界大腕，都被请到了中宁，为中宁枸杞代言。

周佳奇一行人以提品质、树品牌、扩渠道为突破口，和中国药店进行战略合作，与全国医药界最具影响力的企业、行业领军人物紧密接触，不断整合医药领域资源。预计通过3年的努力，建成10万家药店专柜，让全县枸杞深加工产品进专柜，聚合规模，形成效益，最终将中宁枸杞推向了医药渠道，开启中宁枸杞市场营销新征程。

这是一幅喜人的丰收景象。

6月13日，在中宁县宁安乡一处枸杞种植基地，来自中宁大战场的丁淑梅和何万梅，小心地摘着红艳欲滴的枸杞。从自己家到种植基地，仅用40分钟。"摘1斤给1.4元，40多天能挣4000多元。"丁淑梅告诉记者。何万梅则是从7岁就开始跟着大人摘枸杞，到自己结婚生子，每年7月她都泡在枸杞地里："从最开始摘一斤2角钱到现在，枸杞没亏着我们。"

还是在这块地里，中宁枸杞产业发展服务中心质保吴伟，则和同事到处转转，看看有没有需要防治的病虫灾害："我们现在有8名质保员，全是农业大学毕业的，工作就是帮农户及时防治病虫，从源头把控枸杞质量。"中宁枸杞产业发展股份有限公司下设的机构之一。

"我们希望能真正把中宁枸杞做成金字招牌，成为中宁乃至宁夏茨农的摇钱树。"周佳奇告诉记者。他相信，国家会越来越好，宁夏会越来越好，只要在潮流中不断努力前行，扑面而来的种种风景就蕴藏着无限机会和发展空间。

当笔者去《宁夏日报》找到了宁夏日报集团纪委书记、知名作词家、书画家胡建国和荣获全国新闻最高奖的《宁夏日报》部主任周宏两位老乡时，对周金科父子的创业精神赞不绝口，希望笔者要深入采访周佳奇。笔者在中宁等了3天，才等到了出国考察回来的周佳奇。他十分繁忙，不便见客，只能遵父之命，与笔者短暂交谈。

映入笔者第一眼的周佳奇，确有父亲的遗传基因和生命神韵。他比较壮实的身材，稳重而又熟练地端坐在大皮椅上，托盘出稳健与稳实的中年男儿的气质。他比较端庄的脸庞和频频闪动的双目，流露着周家家传的正统血脉与聪明气息。他的宽肩与腰身比较和谐，这是先天遗传与后天营养丰富的吉兆。他的丹田气足，话语中足够的底气和耐力。他的握手很有教养，热情伸手而亲切相握，将角度、力度、适度打成一个礼貌待客的亲和性细节，使富有经验的客人能感受到质朴与分寸这两个词质。他的呼吸流畅但略有急促，可能是熬夜过多并缺乏合理营养的缘故。其肤色中和，但潜藏隐隐焦虑之气，想必是出国行程匆忙和目前压力过大所致。这就是杞乡一个枸杞实干家给笔者的基本印象，历尽沧桑而日趋成熟，压力重重却想干大事，相信他能在坚定信念、坚强拼搏、坚忍守法、坚实升级、坚持奉献的新征途中，接过周家二代帅旗，扛起二次枸杞大创业的千斤重任！

诚然，周佳奇也并非完人，他身上也明显存在着许多局限性。他在做枸杞产业中也有失误和困惑。他毕竟还年轻，还需要像他父亲那样苦心修炼。

谈起父亲，周佳奇的语调十分质朴与深沉。在他的心中，父亲是生命中的上辈，是他生活中的靠山，是他生路中的榜样，是他生机中的福星。尽管父亲并非一个完人，他有很多局限性，虽不能与历史上的胡雪岩之类的大巨商相比，也不能与中国现代科技实业家并肩，但父亲是一个实实在在的农民，勤勤快快的厂主，开拓中宁枸杞事业的带头人。他的人生价值并不在于钱财，而在于他的人生经历，创业精神和传承家教。他真诚祈望，笔者能给其父写好一本书，宣扬杞乡人的人生之路，传颂枸杞的造福功德。

在半个多小时的交流中，他的核心话题是四个字：承上推下。

他的心中有一幅尊父园：上承尊父的创业之路，一生勤奋，一世勤俭，一门求精，一行求专，一路攻关，一心奋进，开创周家二次枸杞大创业的新征程。上承着尊父的经商之道，老老实实做人，兢兢业业做事，规规矩矩守信，明明白白创业，真正领悟得人心者得财道的哲理。上承尊父的勤俭家教。父亲对自己的节俭严求，已经达到了常人难以理解的地步。自己是现代企业家，更要理解父亲，尽可能地节约资金，节省开支，节制奢侈，保持平常心，上承尊父的专业技能。父亲写得一手好字，打得一手好算盘，而且是少有的"枸杞通"。他不可能是父亲的复制品，但他是父亲的传承者，务实而创新，升级而转型，将更多的枸杞传统技能与现代知识相嫁接，站在父亲的肩膀上奋力摘取枸杞王国中的那一颗新星。

他的心中有一幅助推"杞业图"。笔者给他做了归纳，即"杞业十字法"：保、立、归、转、搭、建、联、推、新、效。一是"保"字法：从自己做起，从中宁枸杞协会做起，发起一场中宁枸杞品牌保卫战。充分利用一切媒介和宣传平台，强化人们对中宁枸杞品牌的重新认识。并充分利用中宁枸杞市场，打造枸杞小镇、发展枸杞特产企业，举办大型杞展等各种举措，再振中宁枸杞雄风，再保中宁枸杞金牌。二是"立"字法，进一步树立中宁枸杞的质量信誉，进一步抓紧"品质"和"渠道"两个篱笆。尤其是在源头控制方面：探索推行"公司+合作社（农户）+基地+标准化+定价收购"的订单生产模式，培育树立宁夏中宁枸杞产业发展股份有限公司为引领产业发展的龙头企业，对接 8 个乡镇 26 个合作社和 8 个种植大户基地共 21337 亩，签订了生产服务合同，实行定价收购；每 700 亩配备 1 名预测预报员，共配备预测预报员 26 名和 14 个专业化统防统治服务队紧密合作，对农药、肥料等农业投入品集中采购、统一配送，按照减肥、减药的原则，合理开方配肥、配药，通过对松散基地的有效整合，对实现标准化生产，基地枸杞干果品质明显提升，抽检样品经江苏巡舜检测站检测，全部合格；今年共收购枸杞干果 600 余吨,收购价每公斤普遍比市场价高 6～8 元,每亩实现增收 1000 元以上。在渠道建设方面:紧盯全国知名医药连锁企业及所属药店,有计划、有目标地建设专柜,落实县委、县政府提出的:"百城千店"计划,目前已和山东漱玉平民、河南张仲景、河北唐人等全国 300 家医药连锁企业开展合作,建设专柜 1000 个,铺货并开展营销 1.8 万家。三是"归"字法:通过多种渠道和举措,使中宁枸杞回归到"以药为主,药食双兼"的历史轨道。继续扩大和全国一些药店的合作范围,加快研发枸杞药用的新产品,努力做好"唯宁安枸杞入药也!"的这篇大文章。四是"转"字法:转变思维模式与经营手法。聚力打造中国枸杞特色小镇,积极融入全域旅游示范区建设。依托中宁国枸杞交易中心,加快舟塔村产业示范村建设,引导生态枸杞庄园等争创 3A 级旅游景区,采取"枸杞+旅游"模式,发展休闲农业和乡村旅游,建设一批枸杞企业加工车间观光通道、建设一批以特色养食疗、农业生态观光体为主的特色农家乐,研发一批特色旅游商品,打造枸杞休闲养生旅游目的地,促进一、二、三产业融合发展。五是"搭"字法:主要是搭好产业融资平台、搭好加电商销售平台、搭好文化宣传平台、搭好工产业整合平台、搭好科研创建平台、搭好质量管控平台、搭好检验检测平台。并将"七搭工作"具体落实到位。六是"建"字法:通过各种方式建好科技专家团队、文化专家团队、市场营销专家团队提升专家的指导性和权威性。建好优秀枸杞运营团队,强力开拓国际市场。建好枸杞一条龙产业团队,让人才开路,用团队聚力。七是"联"字法,广泛联合一切可以联合的力量,联合科研单位搞研发,联合传媒单位搞宣传,联合网络搞推销,联合消费重点渠道搞经营,联合社会各界搞互助,做好天下枸杞,造福天下的大手笔。八是"推"字法:在稳步推广"7+1"的现代农业生产模式和"1 带 7"的枸杞文化运作中,充分利用"中宁枸杞品牌宣传提升年"活动,"中宁枸杞宣传推介会"活动和"百城千店"项目等,推出立得住,叫得响、推得开、赢得好的枸杞品牌产品、枸杞品牌人才及枸杞品牌文化。在推进"1带7"项目中，充分利用中宁枸杞文化人才优势，以扶植出版书刊为龙头，带动影视剧、动漫、旅游区、特色礼品、饮食开发、社会教育和社会活动七个小项目的融合发展。九是"新"字法：以创新为灵魂，树立中宁枸杞新形象。要采取"高层策划、全面规划，科学筹划、精准规划、用心刻画"的办法，全面提升中宁枸杞再上新台阶。同时，利用"一带一路"的国际大背景，创意推出中宁枸杞"美容丸""丝路神韵片"等枸杞系列新产品，以此为龙头打开广大的国际市场。十是"效"学法：立足于枸杞新质量，拓展枸杞新市场，深化枸杞新药用，提升枸杞新效益，全面实现中宁县三年上台阶，五年大变化的效益目标。

诚然，这"十字法"并非笔者独创，而是依据于社会各种信息和周金科与周佳奇父子的一些思路而临时归纳，但这"十字法"已在周佳奇心里扎了根，他已经进入实际操作。

当笔者离开办公室的那一瞬间，又一次看到了周佳奇坚实的身影和自信的神态，我才领悟到了周金科的与众不同和深远的目光。他是一个普通农民，但又是一个有战略头脑的枸杞企业家。他一生的奋斗最终是为了达到产业传承，精神传承和生命传承。这样才使枸杞事业如黄河东流，滔滔不绝，绵延不断。也许这是一个遥远的梦，但已有了大梦初成的好兆头。我由此而产生了一种怪异的想法，倘若在中国农民中评选最美农民父亲，我们许多杞乡人将为周金科投下庄严的一票。

第十一节 过大年浮想联翩　全家聚功德圆满

2019 年大年三十，周金科又度过了一个幸福的团圆年。在国外读书的两个孙子没回来，其他家人欢聚一堂。周金科在这个时候，总爱想起他过去的"过年之欢"。

20 世纪 70 年代的一个春节，喜得贵子的周金科度过了一个全家团圆的年欢。那时候，他已经 30 岁，虽说家底清贫，但他心中畅快，响亮的鞭炮，热闹的社火，社会文艺宣传队的巡回演出，孩子们相互提着灯笼嬉耍的镜头。构成了杞乡原始朴素，自由快乐的过年气氛。午时，周金科与妻儿吃团圆饭。这时，最普通的粉汤饺子，由粉、素饺及其他杂菜做成，上漂淡淡的油花，但却飘洒出热气腾腾的自然香味。全家一人一碗，吃得可口热火。佳齐看到父亲把一碗饺子吃空，又把剩下的汤全部喝尽，小脸蛋开心一笑，不小心间，把一个饺子掉在了桌子上，又悄悄地夹起来吃下。他学着父亲的样子，把饺子全部吃掉，把汤喝完，然后，小心翼翼地将碗里仅存的一点菜渣也用筷子弄拨着吃下。父亲给他一元压岁钱，他憨笑着接过来，像是如获至宝，用小手抚摸着，然后装进小口袋。妈妈问他："你准备用这一块压岁钱干啥？"佳齐明亮的眼珠一转悠，望了一眼父亲道："我攒下钱给爹买茶喝。"周金科看着孩子笑了，领着孩子去看社火。他将孩子架在自己脖子上，孩子看着那狮子腾挪展跃的优美姿势，乐得直拍小手掌。周金科随着社火队不住地走动，心里荡漾着很少有过的幸福感。他由此明白：全家团圆过好年，是人生中的第一座幸福桥，而作为家主，不管穷与富，都是家庭中的第一搭桥人。让全家团圆，让孩子开心伴健康成长，真正做到年添一岁人添一福，才是真正的过好年啊！

步入20世纪90年代后，50多岁的周金科度过了一次难忘的全家大团圆。这时，他的两儿四女也都长大了。家也成为中宁最富裕的家庭之一。他成了名副其实的枸杞大王，荣获了全国劳模殊荣，报纸电台连续宣传报道。他创办的枸杞企业成为中央和省市领导关心视察与现场指导和宁夏特色重点企业。应当说，他进入了最红火的中年旺期。由他带灶，妻子做了六道大菜，然后全家共餐。妻子总是先给他夹上一块羊肉，他要给妻子夹上一块牛肉，虽说是自然养成的习惯，却让孩子们看在眼中，记在心上。儿女们虽然年小，但还是给父母恭敬上酒，这使周金科感到特别欣慰。淡墨间，说了一些社会上发生的趣事：现在是改革开放的年代，许多家有了私家轿车，却趁过年时出外旅游。天下之意，儿女们想让父亲不要再骑电动车上班了，也应该买一辆豪华轿车风光一番。周金科呵呵一笑，连连摆手道："不要急着享受，先要继续创业。紧接着，他又讲道，现代生活好转了，但社会风气有问题，也希望儿女们不要出外乱花钱跳街舞，不要去赌钱，也不要去酒场贪酒耍酒疯，一定做个老实本分，追求上进的人，儿女们笑着点点头。饭后，看着儿女们坐在电视机前看春节晚会，引起了周金科的深思。他想，这次过年虽然一家子都团圆了，但也过于单调，以后再创造条件，过个有意义的大年。"

岁月的年轮到了2018年，这时的周金科已是近八旬的老人了，头发花白，两翼斑白，腰板挺拔，走路腿快脚轻，尤其是两道寿眉，显得更具寿星风采。他已是四代同堂，两个好儿媳和女儿们成了过大年的主角，他们每人做一道主菜，当十二道主菜端上来，端坐在座位上的周金科发出慈祥的笑容。他知道，虽然现在的枸杞养生菜已经成为气候了，仅枸杞家常菜就有枸杞土豆烧牛肉、枸杞山药炖羊肉、百合杞子炖兔肉、枸杞蒸酒、枸杞鲤鱼火锅、枸杞油爆河虾、枸杞炒苦瓜、枸杞蒸蛋等48道菜。枸杞食疗保健菜已有杞麦蒸麦鸡、山楂枸杞煮牛肉、枸杞生地羊肾汤、枸杞炖甲鱼等120多道菜。其中有防高血压、高脂血症、高脂血症、糖尿病、慢性肝炎、肥胖症、脱皮、眼视病、防晕，咳嗽等12大类。女性食疗保健菜36道，男性保健菜18道，老年人食疗保健菜有24道，但家里不具备这种厨艺条件，都只是杞乡的家常菜，不过令他欣慰的是今天喝的是自己造的杞皇枸杞酒。大儿子周佳奇、儿媳潘晓琴、孙子刘栾顺、女儿周辉、女婿殷耀国、外孙殷周盛平等，都举酒向他老两的敬酒，他呵呵一笑，接酒一干而尽，发出最畅快的笑声。

饭后，由周佳奇做判，全家展开了一场篮球赛。周金科在家院里特别配置了一个篮球杆，既做玩球之用，还可晾晒衣单。偶尔还会进行投篮比赛，并实行奖励，激励儿孙们经常锻炼身体。三人一组，打半场球。他和妻子做观众，不倦地喝彩加油。周佳奇来回走动，吹着口哨。赛场充满了自然的欢乐。球赛之后，再由周金科和妻子给胜者颁奖。

晚上，又举行了家庭演唱会，看着儿孙们其乐融融，周金科非常高兴，他一生未进过一次歌舞厅，也没唱过一支歌。他看着儿孙们唱歌，才更深理解到了人生的天伦之乐。一旁的妻子看着他一脸的笑容，低声笑着说："老周呀，你这是功德圆满了。"周金科连连点头，一副陶醉的模样。

转眼间过了年关，春风杨柳，河冰解封，一片沉睡的枸杞园开始苏醒，老枝生长，嫩芽初发，如胎儿般的枸杞花，仿佛要吵闹着破腹出生，那一股微微清香的气息，悄声弥漫。而站在枸杞园旁的周金科，有一股内心的激情在涌动。他又一次具体地感受到：自己天生与枸杞有缘，而且是一个一见枸杞心不闲的人。回到自己的枸杞公司，他又看一看厂里的机房，摸一摸储存的枸杞干货。浑身又增加了一股活力，他情不自禁地走到深加工车间，又和大家一起拣干果。快入秋时，他在厂外转了一圈，看到墙外的蔬菜地和树林，需要修整。管后勤的人对他说："周总，雇几个人来干吧，花不了几个钱。"周金科一笑说："不用找人了，我干。"他换上工作服，扛上铁锹，翻地、淌水。有人看到这情景，深受感动，感慨万千，一个赫赫有名的枸杞大王，一个见过中央领导的全国劳模，一个腰缠万贯的大老板，身患癌症，年近八旬，还扛着铁锹干农活，真是少见呐！

历史的时钟，走向了 2020 年春，正逢中国战"疫"的关键时期，周金科在家里看着电视，又陷入了沉思，战胜疫情需要多方面的举措，而增强人体的免疫力是关键，枸杞是药食同兼，增加免疫力的神奇上品。如何让枸杞在这方面发挥最佳作用，这又是一个新时代的大课题。他为此苦思良策，不能夜眠。一旁的妻子，给他端上茶，看着他的神态叹息道："这老周呀，一生一世心不闲！"

阳春三月的春风，剪下了他继续前行的身影……

尾 声

　　披着杞乡的月光，站在黄河的南岸，呼吸着枸杞园飘来的微香，又回望着周金科的枸杞厂房，笔者又思绪万千，心潮激荡。古往今来，人海如云，中华民族，历经沧桑，演绎了无数的喜剧、悲剧和闹剧，而这些剧目中，最集中、最瞩目、最有代表性的主体人物，仍是中国农民，在中国农民中，人物众多，恍若满天繁星。角色不同，三教九流皆有，尤其是那些出身农家的圣人、伟人、奇人、贤人等，载史留名，彪炳千秋。而为普通农民载史流传，大概是九牛一毛了。笔者所写的周金科，他是一个普通的农民，虽然没有惊天动地，轰轰烈烈的壮举，也并非一个十分完美的人。他有优点、也有缺点；有坚强的奋斗精神，也有农民兼商人的双重性格。但值得一写，因为他有更好的代表性。在他的骨子里，像一棵枸杞树！

　　在古人眼中的枸杞树，它是君子之树。在现代人的眼中，它是生命之树。在将来人的眼中，它也许是一棵更神奇的益寿之树。它最显著的特点是"十实"：它立根扎实。先生于陡坡北山，后续于广阔大地，一寸一寸历艰辛，连绵不断根骨硬。它出苗稳实。遇肥土破地快出，逢旱地顽强立身，时有微摆，稳立风中。它伸枝诚实。急切切窜入空中，慢悠悠伸入母体，无论快慢，不该秉性。它散叶老实。一叶既出也生翠，万叶扶花也隐威。绿叶扶花美，永不悔。它开花朴实。不及牡丹富贵，更与桃花有别，变换多少色彩，只为结果开。它结果厚实。万绿丛中一串红，一年四季变化新。圆形或扁形，内涵怡人。它变种归实。纵有十号品种，每种皆艰辛。万变不离其宗，归于农家年年丰。它一生踏实。冬夏秋春，犹如四季不倒翁。既是老化当柴火，也添农家炕头温。周金科正是较好地具备了这些特点，因而有了成功的人生。

　　周金科自己也意识到，他还要走很长的一段路，也许还有很多的曲折和磨难，但他不惧，他将永远铭记着老祖先的古训：做人踏实，善者路宽……